汉竹 ● 健康爱家系列

鸡蛋

汉竹 编著

汉竹图书微博
http://weibo.com/2165313492

读者热线
400-010-8811

江苏科学技术出版社｜凤凰汉竹

前言

鸡蛋是自然界的一个奇迹，一个受过精的鸡蛋，在温度可以的情况下，不从外界吸收任何养料就能孵出一只小鸡，这足以说明鸡蛋的营养。

就是这个奇迹，让人类从来也不曾离开过它。从水煮蛋、西红柿炒鸡蛋到蜂蜜鸡蛋糕，都令人时时想起小时候的味道和家的感觉。

关于鸡蛋的种种，你可能还不知道，鸡蛋是人们日常生活中最常吃到的食物之一，而瑞典研究人员在许多富含蛋白质的食品中进行筛选对比发现，鸡蛋是生产过程能耗最少、最环保的食品。也有专家认为鸡蛋是人类最好的营养来源之一。鸡蛋中含有高质量的蛋白质，以及丰富的维生素和矿物质。对人而言，鸡蛋的蛋白质仅次于母乳，是最接近母乳的天然蛋白质。

360度看鸡蛋，这一蛋一生命里蕴含着很多有趣的故事和传说，也把平时大家最容易忽视的它，当成主角细细品味。如果你是零烹饪基础的厨房新手，可以从炒鸡蛋学起；如果你是厨艺高手，也可以学到深藏于民间的鸡蛋家宴。

即使冰箱里只剩下鸡蛋，也可以做出超赞的美食，这就是小小鸡蛋的魅力。让它带领大家，从里到外了解它，从头到脚掌握它，做出最有妈妈味道的饭菜。

目录

第一章

不要小瞧鸡蛋 / 15

第二章

鸡蛋的 N 多种美味做法 / 35

第三章
常见的鸡蛋药用方 / 179

附录
鸡蛋的美容护肤秘笈 / 190

1小勺

1大勺

书中菜谱调料用量示意

跟着鸡蛋去旅行

湘楚大地——无蛋不成婚

在湘楚大地的很多村寨里，至今保留着一种古老而有趣的风俗，即整个婚事都离不开鸡蛋。

男方托媒人去女方提亲，如果媒人吃到的是鸡蛋挂面，证明这门亲事有谈的希望。当地乡民把这叫做"说亲蛋"。

如果媒人吃了女方的"说亲蛋"，男方就要请媒人到女方家正式求婚。如果媒人吃的面里有4个鸡蛋，表示婚事成功了一半。

婚礼当天，去女方家接亲的男方亲属和媒人都要吃鸡蛋启程，寓意兴旺发达、常来常往。把新娘接来后，女方送亲的亲属在男方要吃一碗煮鸡蛋，个数逢双；新郎、新娘则每人一碗鸡蛋加鸡腿，有预祝新婚夫妇美满幸福之意。

鸡蛋占卜——另类的结婚祝福

在英国的传统婚宴里，有一种特别的习俗：新郎或新娘把鸡蛋打破，滴入水中，以鸡蛋散开的形状来占卜新婚夫妇日后的生活。不过无论形状如何，人们讲的都是好话。如果鸡蛋散成一条线，就说两人的爱情细水长流；如果四面开花，就说两人日后多子多孙；如果是缩成一团，就说两人的爱情坚如磐石。最后，把这碗鸡蛋拌上白糖，蒸熟。意味着今后生活美满，夫妻和谐，甜甜蜜蜜。

复活节彩蛋——复活节最典型的象征

12世纪时，人们在复活节节庆中加入鸡蛋，并把鸡蛋涂成红色，或者绘上彩色的图案，这样的鸡蛋一般称之为"复活节彩蛋"，用来象征"耶稣复活，走出石墓"。许多西方儿童会在复活节当天玩一种叫做找彩蛋的游戏，而彩蛋里面事先会藏一些小礼物，找到彩蛋的儿童会很兴奋，因为彩蛋代表惊喜与另藏玄机，也是复活节最典型的象征。

清明节煮鸡蛋——生命的延续与更新

这是一个古老的传说。孝感一带的人们以打鱼为生，经常在湖上吹着风，很多人都得了头痛病。一天，神农路过这里，看到一些人因头痛在湖滩上打滚。神农尝试了很多草药，可什么效果也没有。三月初三这天，神农从山上捡来几个野鸡蛋，又挖了一大把地菜，拿到船上煮给人们充饥。人们吃后，头痛病就好了。后来，三月初三吃地菜和水煮蛋就成了习俗，一直延续至今。清明吃的水煮蛋分为两种，一种是画蛋，另一种则是雕蛋。画蛋可以吃，雕蛋仅供玩赏。在扫墓时，将水煮蛋在墓碑上打碎，蛋壳丢在坟上，象征"脱壳"一样的生命更新，并祈愿子孙出人头地。

碰鸡蛋——世界鸡蛋对对碰

碰鸡蛋是塞黑塞尔维亚地区独特的民间娱乐活动。塞尔维亚东北部边陲小镇莫克林在 1991 年 4 月 7 日复活节时，成功举办了第一届国际碰鸡蛋比赛，并因此远近闻名。随着莫克林国际碰鸡蛋比赛影响的扩大，比赛冠军往往成为莫克林及附近地区的名人，冠军所使用的鸡蛋品牌也会身价倍增。

其实，在我国新疆南疆维吾尔族聚居地也有这样的游戏。几个人凑在一起，讲好了愿赌服输，用自己的鸡蛋去碰别人的鸡蛋，谁的鸡蛋先裂了，谁就输了，输的人就要把自己的鸡蛋给赢的人。随着生活水平的提高，这种游戏逐渐成为当地民众待客助兴的一种方式。

别样"烹饪"——长白山天池的温泉鸡蛋

长白山是一座活火山，在长白瀑布下近千米的二道白河旁边有一片温泉群，几十眼泉水日夜不停地涌出。泉水温度平均在 60℃ 以上，最热泉眼可达 82℃。用温泉水煮出来的鸡蛋，蛋黄凝固，蛋白却不凝固，像酸奶一样一吸就能入口，口感嫩滑，味道鲜美，别有一番滋味。当地人还探索出了素吃、就盐面吃、就辣酱吃三种吃法。如今，温泉鸡蛋几乎是每位到长白山来的游客必尝的美味。

蛋中蛋——俄罗斯套娃的最佳模仿者

约翰·菲罗斯是英国多塞特郡的一位退休农民。他在一家小商店买了一枚鸡蛋，准备摊鸡蛋做早餐。这枚鸡蛋要比普通鸡蛋大一半，菲罗斯以为是一枚双黄蛋。当他敲开鸡蛋外壳时才发现，里面还有一枚子弹大小的鸡蛋。

菲罗斯说："我在农场工作已经20多年了，也饲养过家禽，不过我从来没见过这样的事情。"英国全国农民工会的首席家禽顾问罗伯特·纽贝里说，这一现象是"大自然的一种变异"，如果母鸡在生蛋时受到惊吓，就可能产下异常的鸡蛋。

"红蛋"、"喜蛋"——通行全国的美好祝福

在我国，无论江南还是塞北，无论妇女生孩子还是坐月子，不仅妇女自己要吃鸡蛋，还要将鸡蛋染红，分发给亲友，以示喜庆。这种蛋被称为"红蛋"或"喜蛋"，有代代相传、子孙兴旺的意思。向亲友分发用颜料染红的鸡蛋，是通行于全国各地的一种表达祝福的方式，洋溢着喜庆祥和，常用于结婚、生育、坐月子等场合。我国一些地方还有在端午节"滚鸡蛋"的习俗。这天早上，老人要把煮熟的鸡蛋放在孩子的肚皮上来回滚几下，嘴里还要念叨着"宝子吃蛋，灾星滚蛋"，寓意着平安健康。

第 一 章

不要
小·瞧鸡蛋

　　有人说，三个半苹果改变了世界。其实，一个小小的鸡蛋也能改变世界。盘古开天辟地时，宇宙原为混沌一团，像鸡蛋一般，万物由它变化而来。在鸡蛋再次改变世界之前，我们先来了解一下。千万不要小瞧它，鸡蛋虽小，却大有文章，小瞧它的后果就是错失美味，错失健康。

鸡蛋中的蛋白质含量很高，而且易被人体吸收。

360度看鸡蛋

鸡蛋曾被评为"世界上最营养的早餐"。这件事看似惊奇，但经过仔细推敲后，可以证明是有科学依据的。人体在一晚的新陈代谢以后，急需补充营养。这些营养既要全面，又要均衡，而小小的鸡蛋就能满足这样的要求。

据分析，每100克鸡蛋中含有蛋白质13.3克，主要为卵白蛋白和卵球蛋白，其中含有人体必需的8种氨基酸，并与人体蛋白的组成极为近似，人体对鸡蛋蛋白质的吸收率可达98%，也极易被人体消化。可以说，鸡蛋是人类理想的天然食品。

鸡蛋中含有的两种氨基酸——色氨酸与酪氨酸，可以帮助人体抗氧化。科学证明，人体抗氧化的能力越强，身体就越健康，生命也越长。

对人类而言，鸡蛋中含有的蛋白质品质仅次于母乳。一个鸡蛋所含的热量，相当于半个苹果或半杯牛奶的热量，但它拥有着丰富的磷、锌、铁、维生素A、B族维生素、维生素D、维生素E……这些早被人们熟知的名称背后，隐藏着鸡蛋营养全面的秘密。现在，我们可以通过表格来360度检测鸡蛋，看它含有的营养成分和具体数据。

🍑 鸡蛋主要营养成分表（以 100 克计）

成分名称	含量	主要作用
能量	156 千卡	日常生活的基础
蛋白质	13.3 克	促进生长发育和新陈代谢
脂肪	8.8 克	提供能量，维持体温，保护内脏，缓冲外界压力
碳水化合物	2.8 克	构成机体的重要物质，调节脂肪代谢
叶酸	113.3 微克	制造红血球和白血球，增强免疫力
胆固醇	585 毫克	构成细胞膜的重要组成成分
维生素 A	234 微克	保证皮肤、骨骼、牙齿、毛发健康生长
维生素 B_1	0.11 毫克	延缓皮肤衰老，消除疲劳
维生素 B_2	0.27 毫克	促进发育和细胞的再生
维生素 B_3	0.2 毫克	保护消化系统的健康，减少肠胃障碍
维生素 E	2.29 毫克	促进骨骼生长发育
钙	56 毫克	构成骨骼和牙齿的主要成分，调节人体循环
铁	2 毫克	血红蛋白的重要组成部分
锌	1.1 毫克	促进生长发育，增强免疫力
硒	14.34 微克	增强免疫力，预防癌症

鸡蛋和维生素 C 含量高的蔬菜搭配食用是不错的选择。

鸡蛋到底长啥样

除了人们熟悉的蛋壳、蛋白和蛋黄，鸡蛋中还有很多组成成分。

蛋壳

蛋壳占鸡蛋体积的 11%~11.5%，分为壳上膜、壳下皮、气室。蛋壳的主要成分是碳酸钙，占蛋壳重量的 91%~95%，是钙质的良好来源。此外，蛋壳中含有 5% 的碳酸镁，以及 2% 的磷酸钙和胶质。

壳上膜在蛋壳外面，是一层不透明、无结构的膜，它的作用是防止鸡蛋的水分蒸发。壳下皮是在蛋壳里面的薄膜，共两层，能让空气自由通过。蛋壳在醋或一些酸性溶液中浸泡一段时间后，会逐渐消失，只剩下一层薄膜包裹着里面。

壳膜

壳膜是包裹在蛋白之外的纤维质膜，是由坚韧的角蛋白所构成的有机纤维网。

壳膜分为两层。外壳膜较厚，紧贴着蛋壳，是一层不透明、无结构的膜，作用是避免鸡蛋内容物水分蒸发；内壳膜约为前者厚度的 1/3，附着在外壳膜的内层，空气能自由通过。外壳膜与内壳膜大多紧密贴合，仅在鸡蛋的钝端，即人们所说的大头，二者分离构成气室。

气室主要有两个作用。一是当鸡蛋被孵化的时候，外面的空气通过小孔进入壳内，并贮存在气室里，供未出壳的小鸡呼吸；二是在外界温度的影响下，蛋液的体积会出现热胀冷缩的现象，有了这个气室，蛋液的体积增大时，蛋壳就不会被胀破了。如果鸡蛋内水分遗失，气室会不断地增大；待受精卵孵化时，随胚胎的发育而增大。

鸡蛋中的蛋白质比谷物类、豆类中的蛋白质更有营养价值。

❤ 蛋白

也称鸡子白，是壳下皮中半流动的胶状物质，约占全蛋体积的 57%~58.5%。蛋白中约含蛋白质 12%，主要是卵白蛋白。蛋白中还含有一定量的核黄素、尼克酸、生物素和钙、磷、铁等物质。蛋白又分为浓蛋白和稀蛋白。浓蛋白是靠近蛋黄的部分蛋白，浓度较高；稀蛋白是靠近蛋壳的部分蛋白，浓度较低。

蛋黄中的 DHA 和卵磷脂能健脑益智，改善记忆力。

❤ 蛋黄

多居于蛋白的中央，由系带悬于两极。蛋黄体积约占全蛋的 30%~32%，主要组成物质为卵黄磷蛋白，另外，脂肪含量为 28.2%，脂肪多属于磷脂类中的卵磷脂。在对人类的营养方面，蛋黄含有丰富的维生素 A 和维生素 D，且含有较高的铁、磷、硫和钙等矿物质。

❤ 胚盘

在蛋黄表面的一个白点，未受精的叫胚盘，受精的叫胚珠。受精蛋的胚珠直径约 3 毫米，未受精蛋的胚盘更小。

❤ 卵黄系带

由黄卵黄与白卵黄相间排列组成，中间有卵黄心，以卵黄心颈与胚盘相连，卵黄的两端由浓稠的蛋白质组成卵黄系带，它使卵细胞维持在蛋白中心，起着缓冲作用，防止卵的震荡，有利于卵的孵化。

❤ 角质层

指蛋壳再表面的一层，类似皮肤角质层。

❤ 卵黄膜

是鸟类受精卵的一部分，紧贴在卵表面的一层膜。属于初级卵膜，由受精卵的细胞膜发育而来，具有保护作用。

吃个鸡蛋 再上班

现在社会的生活节奏非常快，所以学生、上班族都不吃早餐。在天气变化、身体不适的时候，人们也不喜欢吃早餐。但是，不吃早餐的危害很多，比如容易导致消化道疾病、影响智力、增高胆固醇、容易患胆结石，更有违长寿之道。健康的一天是从早餐开始的，早餐是全天能量和营养的重要来源，一顿营养均衡的早餐可以恢复体内的葡萄糖含量，极大地提高人们的思考能力和精神状态。所以早餐一定要吃，而且要吃得合理。一般来说，早餐分为中餐和西餐，但在生活节奏的影响下，全部变成了快餐。很多人认为，早餐吃鸡蛋容易发胖，还有影响消化等问题，实际上，早餐吃鸡蛋好处多多。

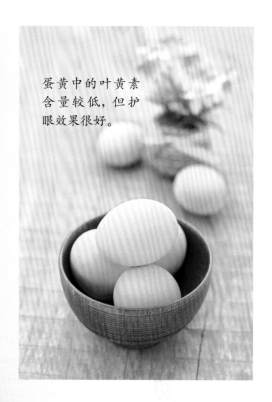

蛋黄中的叶黄素含量较低，但护眼效果很好。

💜 延缓衰老，保护视力

鸡蛋含有两种抗氧化剂——叶黄素与玉米黄质，除了能延缓人体衰老之外，还能保护眼睛免受紫外线的伤害，降低老年白内障的发病率。

💜 是优质的蛋白质来源

蛋白质是生命的物质基础，机体中的每一个细胞和所有重要组成部分都有蛋白质的参与。虽然人体中蛋白质的种类很多，性质、功能各异，但都是由 20 多种氨基酸按不同比例组合而成的，并在体内不断进行代谢与更新。

在所有蛋白质的食物来源中，鸡蛋是最完整的蛋白质来源之一，这意味着鸡蛋含有人们必须从饮食中摄取的所有必需氨基酸。除了含有丰富的蛋白质以外，鸡蛋中还蕴藏丰富的钙质，功效不容小觑。

❤ 为减肥助力

鸡蛋中含有大量的蛋白质和脂肪，不仅能够帮助人们维持体内的能量水平，让饱腹感更持久，还能降低早餐后再吃零食的需要。因为在不吃早餐的情况下，人们会非常自然地吃一些零食。众所周知，零食既不健康，又不容易吃饱。零食所含有的能量远远超出了正常所需，更何况是减肥呢？

总之，早餐吃鸡蛋可以让人长时间处于饱腹状态，减少其他食物的摄入量，从而达到减肥的功效。这与人们所认为的"吃鸡蛋会胖"是截然相反的。

早晨吃鸡蛋不但不会胖，还对减肥有益。

❤ 有助于脑发育和增强记忆力

科学家在鸡蛋中发现的核心营养——胆碱，具有促进大脑发育和工作的作用。它也与增强记忆力的持久性和回忆能力，以及提高机敏性有关。除了工作劳累的上班族，处在生长发育期的青少年、记忆力减退的老年人也应该保证鸡蛋的摄入量。

早上时间紧迫，下面三种快速、简便烹调鸡蛋的方法可作为参考。

1. 提前煮蛋。可以头天晚上把鸡蛋煮好，第二天早上热一下就能吃了。这样做的好处是不用刷碗，吃完后可以直接出门，完全没有后顾之忧。

2. 微波鸡蛋。把鸡蛋打入一个微波炉可用的容器中，高火加热 1 分钟，搅拌，放点酱油调味就能吃了，比普通的煮蛋多了一点儿滋味。

3. 煎鸡蛋。小火预热 1 分钟左右，加一点儿油，打蛋入锅，煎 2 分钟左右，待蛋白略熟时，加黑胡椒调味即可。

吃鸡蛋
并非"多多益善"

在日常生活中，鸡蛋是最普通不过的营养食品。大多数人认为鸡蛋有营养，多吃补身体。其实不然，吃得太多，反而会给身体带来一些不良影响。

早餐吃 1 个鸡蛋，整天的蛋白质都有了保证。

♥ 鸡蛋吃得过多，肾脏受不了

实际上，多吃鸡蛋会造成体内营养素的不平衡，从而影响健康。

不论哪一种食物，即使它的营养价值很高，也不可能含有人体所需的全部营养素。长期食用一种食物，会使某些营养素过剩，而另一些营养素缺乏。鸡蛋也不例外，鸡蛋本身也不能供给人体所需的全部营养素，多吃鸡蛋，必然会使其他食物摄入量相对减少，使摄入的各种营养素不平衡。

每天吃一个鸡蛋，就可以满足人体所需的 8 种必需氨基酸的补充。由于身体已不需要，也不会再吸收利用，这些营养就会转化为脂肪堆积体内或当做热量，被白白浪费掉。

而且，多吃进去的那些鸡蛋，其蛋白质分解代谢产物会增加肝脏的负担，在体内代谢后产生大量含氮废物，并通过肾脏排出体外，这样又会加重肾脏的负担。所以吃鸡蛋过量对肝脏和肾脏都不利，容易出现腹部胀闷、头晕目眩、四肢乏力、昏迷等症状，导致"蛋白质中毒综合征"。

💙 不同人群，不同吃法

针对不同人群的营养需求，鸡蛋的食用量的确要有所不同。正常的成年人、老年人，每天吃 1 个鸡蛋即可。其中，蒸蛋和蛋花汤容易消化，适合儿童、老人和病人。血脂异常患者或肥胖者，建议每周吃 2~4 个鸡蛋。并且，吃鸡蛋的时间最好是早上或中午，既为一天的工作提供充足营养，也避免了晚上摄入过多，影响睡眠。

💙 不同做法，不同效果

对于鸡蛋的烹调方式，煎、炒、烹、炸样样皆可。有的人喜欢吃生鸡蛋，觉得这样吃最有营养。但生鸡蛋的口感并不好，难以吸收又不卫生，肠胃消化力弱的人吃了容易腹泻；还有很多人早上喜欢吃茶鸡蛋，其实这不是一个好习惯，因为茶叶中含大量的单宁酸，它会使蛋白质形成不易消化的凝固物，影响吸收；煎鸡蛋热量较高，不宜多吃。做煎鸡蛋的时候要注意火候，煎到蛋黄凝固即可，不要过嫩也不要过焦；在所有的鸡蛋食谱中，水煮蛋的营养吸收率是最高的，煮到蛋黄略带些溏心为最佳。

💙 不适合吃鸡蛋的人

1. 肝、胆、肾炎患者要根据病情控制鸡蛋摄入量，避免增加肾脏负担。

2. 高热患者的消化液分泌减少，消化酶的活力下降，多吃鸡蛋会引起腹胀、腹泻等症状。

3. 腹泻患者肠胃功能衰弱，多吃鸡蛋会加剧腹泻，不利于康复。

4. 中医认为，鸡蛋属于"发物"，皮肤生疮化脓的人要少吃鸡蛋，防止病情加重。

💙 不宜与鸡蛋搭配的食物

1. 鸡蛋和白糖同煮时，会形成果糖基赖氨酸结合物，对健康产生不良影响。

2. 豆浆含有很多营养成分，但其中有一种叫胰蛋白酶的特殊物质，与蛋清中的卵松蛋白相结合后会降低营养价值。

3. 鸡蛋不能与兔肉同吃，否则会刺激肠胃，引起腹泻。

4. 吃完鸡蛋后不要立即饮茶。茶叶中的鞣酸与蛋白质合成的鞣酸蛋白质使肠道蠕动变慢，不但会造成便秘，还会增加有毒物质和致癌物质被人体吸收的可能性。

吃生鸡蛋既不卫生，又不易于消化吸收。

鸡蛋的 种类与 挑选

在传统观念中，鸡蛋无非是土鸡蛋和洋鸡蛋，可现在的鸡蛋五花八门，有机蛋、绿色蛋、无公害蛋、海鲜蛋、草鸡蛋等，让人挑花了眼。简单来说，针对鸡蛋的分类，一般有三种标准。

按蛋壳颜色

可以分为红皮蛋和白皮蛋。许多人买鸡蛋只挑红皮的，认为红皮鸡蛋营养价值高。因此，市场上的红皮蛋价格略高。

按蛋鸡的品种

可以分为土鸡蛋、洋鸡蛋。土鸡蛋也称柴鸡蛋。土鸡的鸡种要选用本地鸡种，实行农家散养方式。人们通常认为，在自然环境中生长的鸡吃的都是天然食物，产出的鸡蛋品质自然会好一些。而一般养鸡场生产的鸡蛋，也就是人们常说的洋鸡蛋，采取的是机器孵化、饲料喂养的方式。

按质量标准

分为无公害标准、绿色食品标准和有机食品标准三类。

无公害鸡蛋针对的公害指的是在生产过程中超标使用的农药、兽药、重金属、致病微生物等物质。无公害鸡蛋与普通鸡蛋的区别在于，无公害鸡蛋要求鸡蛋中不得检出氯霉素、沙门氏菌，对重金属、农药等有毒有害物质也有一定的标准，并规定不得超过此标准，同时对鸡蛋生产过程中的环境、设施、饲料也有一定的要求。

虽然绿色食品标准和有机食品标准是已经被大众所认可的体系，并且是相对完善的标准体系，但针对鸡蛋的标准还没有普及，因此，并没有十分明确的标准来划分鸡蛋，只有少数企业会通过申报平台而获得相关资格。

人们在挑选鸡蛋的时候，常常会被五花八门的品种和广告语弄得眼花缭乱。那么，具体应该怎么挑选鸡蛋呢？红皮蛋才是最有营养的吗？土鸡蛋比洋鸡蛋更健康吗？带有绿色食品标签的鸡蛋就比普通鸡蛋好很多吗？到底该怎么挑选呢？下面为你解答。

红皮蛋并不是最新鲜、最有营养的

很多人喜欢买红皮蛋，认为红皮蛋最新鲜、最有营养。事实并非如此，蛋壳的颜色主要是由一种叫卵壳卟啉的物质决定的，这种物质并无营养价值。分析表明，鸡蛋的营养价值高低关键取决于鸡的饮食结构。很多商贩都宣称红皮蛋才是真正的土鸡蛋，这种说法是没有任何根据的。一些不规范的饲养者为了做出红皮蛋，在鸡的饲料中添加色素，因此，颜色过于鲜艳的红皮蛋，最好不要购买。

土鸡蛋与洋鸡蛋各有千秋

很多人认为洋鸡蛋不如土鸡蛋的营养价值高，实际上，土鸡蛋与洋鸡蛋各有千秋，要分别对待。

养鸡场里的鸡所吃的饲料都是经过科学配比的，营养素全面而均衡，因此铁、钙、镁等矿物质元素的含量都高于土鸡蛋。其次，洋鸡所吃的饲料中添加了一定量的膳食纤维，使得蛋黄中的胆固醇和脂肪含量比土鸡蛋低很多，更适合老年人食用。

而土鸡产蛋很少，养分积累周期长，因此土鸡蛋的脂肪含量较高，并不适合老年人长期食用。但土鸡蛋也有优势，它所含的不饱和脂肪酸和卵磷脂更高一些，这两种物质可以促进胆固醇的代谢，对保护心血管非常有好处。

既然土鸡蛋在营养上并不比洋鸡蛋好，为什么还有那么多人爱吃呢？专家称，因为土鸡蛋的口感更好，非常适合做煮鸡蛋和煎蛋，即使是很简单的烹调也能将它优良的口感完全发挥出来。所以，土鸡蛋受到了人们的普遍欢迎，尤

颜色过于鲜艳的红皮鸡蛋最好不要购买。

其是厨房新手和厨艺爱好者的喜爱。而洋鸡蛋的蛋白较多，适合做蒸蛋或打蛋花。

那么，应该如何区分土鸡蛋与洋鸡蛋呢？从鸡蛋的外观上看，土鸡蛋个头稍小，壳稍薄，色浅，较新鲜的有一层薄薄的白色的膜。而洋鸡蛋的蛋壳较厚，颜色较深。如果还不能确定，可以在购买后打开蛋壳，蛋黄略小，呈金黄色的是土鸡蛋；蛋黄略大，呈浅黄色的是洋鸡蛋。洋鸡蛋搅拌的时候很容易就搅拌开了，液体很稀，且颜色偏淡黄；土鸡蛋搅拌的时候有浓稠感，液体颜色为深黄。

💜 怎么挑选鸡蛋

一看：用眼睛观察鸡蛋的外观形状、色泽和清洁程度。优质鸡蛋蛋壳干净，没有光泽，壳上有一层白霜，色泽鲜明。劣质鸡蛋蛋壳表面的粉霜特别容易脱落，壳色油亮，呈乌灰色或暗黑色，有油样浸出，有较多或较大的斑点。

二摸：把鸡蛋放在手心上。优质鸡蛋蛋壳摸起来粗糙，重量适当；劣质鸡蛋蛋壳摸起来比较光滑，重量较轻。

三听：优质鸡蛋相互碰击的时候声音清脆，用手握住，轻轻摇动时不会发出声音，而劣质鸡蛋会发出声音，差异比较明显。

四闻：向蛋壳上轻轻哈一口热气，然后用鼻子闻。优质鸡蛋有轻微的生石灰味，仔细闻还会有腥味，而劣质鸡蛋没有。

白皮蛋和红皮蛋的营养成分差异很小，不必过于在意。

💗 如何区分真假鸡蛋

一般来说，假鸡蛋多流通于价格低廉的综合市场，一些小型私营超市也有发现。但即使是在大型超市选购的时候，为了自己和家人的健康，主妇们还是要擦亮眼睛，不要放过任何细节，把好健康每一关。

1. 真鸡蛋的大头有气室，即人们常说的小泡泡，很自然地贴合在鸡蛋上面，而假鸡蛋根本没有气室。

2. 从外观上看，假鸡蛋的蛋壳比真鸡蛋的亮一些，但不太明显，用手触摸假鸡蛋的时候，会感觉真鸡蛋的外壳更粗糙一些。

3. 假鸡蛋摇晃起来内部有晃动感，而新鲜的真鸡蛋没有。在晃动假鸡蛋时会有声响，这是因为水分从凝固剂中溢出产生的。

4. 轻轻敲击蛋壳时，真鸡蛋发出的声音较脆，假鸡蛋声音较闷。此外，用鼻子细细地闻，真鸡蛋会有隐隐的腥味。

5. 把鸡蛋打在碗里，用棉签或筷子戳一下。如果蛋白较稀，倒在手上还会很快就从指缝间滑落；与此同时，将蛋黄拿在手上，如果能在手里随意滚动，那就是假鸡蛋。真鸡蛋的蛋白较稠，很难与蛋黄分离干净。

6. 把鸡蛋打在碗里，刺破蛋黄，放置一会儿，如果蛋白和蛋黄相互溶在一起，就是假鸡蛋，因为假鸡蛋的蛋白与蛋黄是由相同的原料制成的。

7. 煎鸡蛋时，如果蛋白和蛋黄没有搅动便自然散开，这是因为包着人造蛋黄的薄膜受热裂开的缘故。

8. 假鸡蛋煮熟后，嚼在嘴里有点像橡皮，不仅没有蛋味，而且像花瓣一样有颜色分层。

鸡蛋的最佳食用日期是 15 天以内。

鸡蛋的
储存

实验表明，在温度 4~7℃的条件下，鸡蛋的保质期是 40 天，而冬季室温条件下保质期是 15 天，夏季室内常温下为 10 天，鸡蛋超过保质期后，其新鲜程度和营养成分都会受到影响。鸡蛋买来后，要尽量放在冰箱中保鲜。同时，最佳食用日期是 15 天以内，所以，鸡蛋一定要趁"新鲜"吃。

储存鸡蛋时，可以采用以下方法：

1. 不要一次购买太多鸡蛋，最好吃完之后再买。买太多不但吃不完，还容易产生堆积，引发碎裂。如果担心自己记不住保质期，可以在冰箱门上贴便条，方便提醒。

2. 买回来的鸡蛋千万不要用水洗，以免细菌侵入。正确的方法是将鸡蛋装入干燥洁净的食品袋内，然后放入冰箱蛋架上存放。因为蛋壳上有枯草杆菌、假芽孢菌、大肠杆菌等细菌，这些细菌在低温下能生长繁殖，而冰箱贮藏室温度常为 4℃ 左右。如果将鸡蛋直接放入冰箱，不但不能起到抑制作用，还会影响冰箱内其他食物的存放。

3. 鸡蛋存放的方向也需要注意。要大头朝上，直立堆码，不能横放。鲜鸡蛋的蛋白浓稠，能有效地将蛋黄固定在蛋白的中央。鸡蛋放久了，蛋白中的黏液素在蛋白酶的作用下，会慢慢脱去一部分水分，失去固定蛋黄的作用。如果鸡蛋横放，由于蛋黄比重比蛋白轻，蛋黄就会上浮，靠近蛋壳，变成贴蛋或靠黄蛋，煮时容易散黄。

4. 不要与某些食物一同存放。葱、姜、辣椒等散发的强烈气味会通过蛋壳上的气孔渗入鸡蛋中，加速鸡蛋变质。而鸡蛋与鱼类、韭菜、芹菜等气味浓重的食物并放时，鸡蛋会吸走这些气味，不管是煮还是煎，气味都不会散去，因此保存时要特别注意。

5. 从冰箱中取出的鸡蛋要尽快食用，不能久置或再次冷藏。因为鸡蛋取出后在室温下会"发汗"，小水滴中的细菌和微生物会很快透过蛋壳深入蛋液内层，所以这个时候的鸡蛋已不能保质，要马上食用。

6. 如果鸡蛋买得太多，冰箱里又放不下，可以在室内放一部分。这些鸡蛋最好放在儿童不易接触的地方，以免不小心摔坏。

7. 在无冷藏条件下，要尽量用干净的纸或布做成鸡蛋形状的空穴，使每个鸡蛋有独立的存放空间，并且避免直接暴露在空气里。这样可以减少细菌和微生物侵入的机会，延长鸡蛋的保存时间。

8. 在木桶、纸壳箱等容器底部均匀铺垫一两厘米厚的干燥谷壳。均匀排放鸡蛋，大头朝下，小头朝上，蛋与蛋之间稍稍分开，并用谷壳填塞间隙，然后交替重复，可以放 10~15 层，顶上再盖一两厘米厚的干燥谷壳。如果没有谷壳，可以用木屑、锯末、细沙、米糠、草木灰代替。

9. 用干燥的红豆、绿豆、黄豆代替谷壳，方法大体相同，保鲜效果更好。豆类能够不断进行呼吸，消耗鸡蛋周围的氧气，吐出二氧化碳，有助于抑制蛋体周围的腐败细菌活动，也能抑制鸡蛋本身的新陈代谢，延长保鲜时间。

鸡蛋之最

🖤 最营养的搭配：西红柿炒鸡蛋

虽然鸡蛋拥有非常全面的营养成分，但鸡蛋缺少维生素 C 也是不容忽视的问题。因此，在炒鸡蛋的过程中，人们经常搭配西红柿、青椒等蔬菜来弥补鸡蛋这方面的不足。其中，西红柿炒鸡蛋被誉为"最营养的搭配"。

西红柿不仅能补充鸡蛋所缺少的维生素 C，还会在烹调的过程中将番茄红素等脂溶性抗氧化剂释放出来，充分发挥抗氧化作用。熟吃西红柿比生吃西红柿的总体营养价值要高许多。

使用煮蛋器方便快捷，能节约很多时间。

🖤 最营养的吃法：水煮蛋

把鸡蛋做成各种各样的美味是容易的，但要最大程度保留营养、全面被身体吸收是有难度的。就营养的吸收和消化率来讲，水煮蛋为 100%，炒蛋为 97%，嫩炸为 98%，老炸为 81.1%，开水、牛奶冲蛋为 92.5%，生吃为 30% ~50%。因此，水煮蛋是最健康的吃法。同时，水煮蛋也是最有益心脏、蛋白质最好消化、维生素保存最好的吃法。吃的时候要注意细嚼慢咽，否则会影响吸收和消化。

🖤 最迅速出"炉"的鸡蛋：微波杯装蛋糕

有了微波爆米花、微波烤红薯之后，微波炉似乎有了"妙用"。但这还不够，微波杯装蛋糕将改写这一历史。材料简单、步骤简单，更难得的是，只用 2 分钟就能做出可口的蛋糕。完全满足心急、馋嘴、美味等等要求。所以，微波杯装蛋糕绝对是最迅速出"炉"的鸡蛋，也是做起来最有成就感的蛋糕了。

最自由发挥的菜式：鸡蛋羹

鸡蛋羹几乎是家里必做的一道菜，体虚或者牙口不好的老人、术后恢复的病人、刚断奶的幼儿，都可以吃鸡蛋羹来补充营养。但有一千个厨师，就有一千种鸡蛋羹。因为鸡蛋羹本身的味道很清淡，也没有特别的工序。在做鸡蛋羹的时候，人们根据个人口味添加各种调味料和配料。因此，鸡蛋羹是最自由发挥的菜式了。

最受女性喜爱的早餐：酒酿鸡蛋

酒酿含有丰富的维生素和氨基酸，有活气养血、促进血液循环的功效。此外，酒酿中含有能促进女性胸部细胞丰满的天然激素，其酒精成分也有助于改善胸部血液循环。早餐吃一份酒酿鸡蛋是非常不错的选择。

最简单的爱心便当：荷包蛋

荷包蛋是一种非常经典的吃法，深受人们的喜爱。它不但做法简单，而且造型美观，是十分受欢迎的家常美食。只要把荷包蛋煎得漂漂亮亮的，在上面撒一点儿芝麻或者加两片培根，这就是一份非常有爱的爱心便当了。难度系数低、可操作性强、视觉效果好，这就是荷包蛋荣登最简单的爱心便当榜首的三大理由。

最经典的小点心：蛋挞

早在中世纪，英国人已经利用奶品、糖、蛋及不同香料，制作类似蛋挞的食品。有学者认为，蛋挞也是中国 17 世纪满汉全席中其中的一道菜式。从遥远的中世纪到现在，蛋挞已经穿越了时空，变成了外层松脆、内层香甜的小点心，深受人们的喜爱。

鸡蛋的妙用

所有食物都是大自然的恩赐，很多食物不但可以吃，还可以用，鸡蛋也不例外。下面列举的小妙招可以为生活提供参考，让生活更加简便。

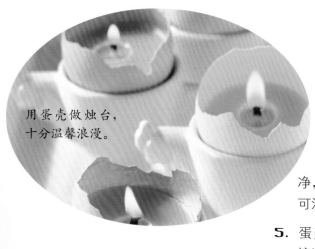

用蛋壳做烛台，十分温馨浪漫。

净，一般用 5 个鸡蛋的蛋壳泡的水可洗 6~8 件衣服。

5. 蛋壳研成粉末后，能代替去污粉，擦洗陶瓷器皿的效果比肥皂还好。

6. 热水瓶中有污垢时，在热水瓶中放一把碎蛋壳，加水后左右摇晃，可以去掉污垢。而小口玻璃瓶中的油垢很难洗净，需要加满水，放置一两天，期间摇晃几次才能洗净。

7. 要把油装入瓶子又找不到漏斗，可以用蛋壳代替。把蛋壳洗干净，在下端打一小孔，就成为一个小漏斗了。

8. 煮咖啡时，在咖啡里加一些蛋壳，可以使煮出的咖啡清亮味甘。

♥ 蛋壳

1. 洗蛋壳的水是一种蛋白与水的混合溶液，用这种溶液擦玻璃，可以使玻璃更加干净明亮。

2. 炸食物的油使用几次后，就会发黑变浊。可以在油里放几块蛋壳，蛋壳会把混在油中的炭粒吸附掉，使油变清。

3. 蛋壳洗净后放在锅中微火烘烤，然后研末，掺入米中煮成的饭，便是"钙质米饭"，对身体很有好处。

4. 把蛋壳捣碎，装在薄布袋里，放入盆中，用热水浸泡 5 分钟左右。用这种水洗衣服能把衣服洗得格外白

9. 将蛋壳放在花木植穴的四周，能供给花木根部较多的养分，使花木生长茂盛。也可以将蛋壳用水清洗，把洗蛋壳的水浇入花盆，两种方法的效果差不多。

蛋白

1. 日用搪瓷器皿掉瓷之后会变黄，可以把一些蛋白和细石灰粉调成浆糊状，加入适量与搪瓷器皿颜色相同的油漆，调和后涂在掉瓷的地方，放在阴凉通风处，晾干后即可使用。

2. 炒菜、做饭用的铁锅有了小洞，可以找一块破砂锅片，磨成细粉，与蛋白调成泥状，做成略大于小洞的饼补上，将露于锅内壁部分的补料抹平，放在火上烧2分钟就能继续使用。

将壳膜贴在鼻子上，快干时取下，能除黑头。

3. 皮鞋鞋面被硬物划出裂痕时，先用一块软布把裂痕处擦洗干净，然后将蛋白均匀地涂在裂痕处，干后再涂上鞋油，裂痕便会消失。

4. 如果玻璃板断裂了，先检查裂口是否整齐，如果合缝后完整无缺，可以用蛋白涂满两个断面，把它们合在一起，擦去四周溢出的蛋白，固定一两天后就粘合牢固了。

5. 蛋白可以用来粘玻璃门拉手。方法是取一小块长方形玻璃(玻璃的长短和大小视玻璃拉门的大小而定，一般以长五六厘米、宽1.5~2厘米为宜)，将四面的利碴磨平，在一面涂上蛋白，然后贴在玻璃拉门的适当位置上，稍微用力压一下，2小时后，玻璃拉手就会牢固地粘在玻璃门上。

6. 皮革制品穿着或使用过久，表面会出现裂痕，只要在裂痕处涂上少许蛋白，就可以将裂痕粘合。

7. 在皮革服装上刷一遍蛋白和水的溶液，就会使皮革服装光亮如初。

8. 黑皮鞋穿旧了会褪色，可以取适量的蛋白放在砚台里，磨成墨汁，把它涂在皮鞋的表面，晾干后再用鞋油擦一遍，旧皮鞋就会像新的一样光亮。

第二章

鸡蛋的 N 多种 美味做法

一个小小的鸡蛋，如何赢得全家人的青睐？既要营养健康，又要美味多变，这是值得每一个"大厨"仔细思考的问题。不过，看了这本书之后，一切都是浮云。把鸡蛋从冰箱里"请"出来，让它展示自己的才艺吧！

在家自己卤鸡蛋

卤蛋也称卤水蛋，是用各种调料或肉汁加工而成的，常见于餐桌。它细腻温润、咸淡适口、嚼劲十足、百吃不厌，既可当饭，又可当菜。卤鸡蛋更是别有风味，物美价廉。

醉蛋

原料

鸡蛋 6 个

花椒 5 克

米酒 50 毫升

盐 10 克

开水 800 毫升

➤ **成功的窍门：**

1. 鸡蛋不要煮全熟，煮三四分钟就可以了。

2. 装开水的碗一定要无油。

3. 调好的卤汁一定要晾凉了才能把鸡蛋放进去。

➤ **制作步骤：**

1. 取 800 毫升开水倒入容器，加入盐搅拌均匀，再放入花椒。

2. 待水冷却后，倒入米酒，制成醉卤。

3. 将鸡蛋放入冷水锅中，大火烧开，继续煮三四分钟后捞出。

4. 煮好的鸡蛋过一下冷水后，去壳，放入冷却的醉卤中。

5. 容器覆上保鲜膜，存放于阴凉干燥的地方，3 天后即可食用。

卤汁晾凉后，才能把鸡蛋放进去。

咸鸡蛋

原料

鸡蛋 8 个

50 度以上的白酒 100 毫升

盐 100 克

> **成功的窍门：**

1. 选用度数较高的白酒，最好是 50 度以上的白酒，便于盐的渗透，同时可以去除鸡蛋的腥味。

2. 存放鸡蛋时，可以在保鲜盒中放一张写有制作日期的小纸条，以免忘记腌制时间。

3. 鸡蛋腌好煮熟后，千万不能放入冰箱冷藏，室温放置就可以，不然油黄会被蛋黄反吸收，显不出油汪汪的感觉。

> **制作步骤：**

1. 鸡蛋洗净晾干，放入白酒中，让鸡蛋表面均匀地裹一层白酒。

2. 另准备一个干净无水的容器，放入盐。将蘸满白酒的鸡蛋放入盐中滚一下，保证鸡蛋表面均匀裹满盐。

3. 将裹满盐的鸡蛋用保鲜膜包起来，放入保鲜盒，放在阴凉通风处。

4. 20 天左右后，取出鸡蛋，打开保鲜膜，洗去盐，放入水中煮 10 分钟即可。

隔几天取出1
个咸鸡蛋，试
一下味道。

五香茶叶蛋

原料

鸡蛋 10 个

茶叶 20 克

盐 1/4 小勺

酱油 1 大勺

冰糖 30 克

八角 2 个

香叶 4 片

桂皮 1/2 片

➤ **成功的窍门:**

1. 水要一次性放足,以防烧干。

2. 煮好后的茶叶蛋不要急于捞出,在汤汁中浸泡 1 小时后再捞出,以确保入味。

➤ **制作步骤:**

1. 鸡蛋煮熟后取出,放入凉水中片刻。

2. 用勺子把鸡蛋壳敲碎。

3. 锅中加水,把所有的卤料放入水中,大火煮开。

4. 把敲好的鸡蛋放入煮开的卤汁中,转小火煮 30 分钟。

5. 关火,把鸡蛋和卤汁一起倒入大碗中,随吃随取。

不能用五香粉
代替卤料，否则
不容易入味。

台湾铁蛋

原料

鸡蛋 6 个

八角 2 个

香叶 4 片

桂皮 1/2 片

盐 1 小勺

酱油 2 大勺

冰糖 30 克

清水 1000 毫升

➤ 成功的窍门：

1. 在反复卤煮的过程中，可适量添加开水。

2. 不可以因为怕麻烦而减少煮、晾的次数，只有这样煮好后的鸡蛋才会弹性十足，有嚼劲。

➤ 制作步骤：

1. 锅中放入八角等卤料，加水大火煮沸。

2. 鸡蛋煮熟后去壳，放入锅中。

3. 转小火继续煮 20 分钟。

4. 关火后捞出。

5. 将鸡蛋晾凉。

6. 再投入锅中，小火煮 20 分钟，重复此环节 8~10 次。

重复煮、晾才能做出地道的台湾铁蛋。

印花卤鸡蛋

原料

鸡蛋 6 个

桂皮 1/2 片

八角 2 个

花椒 1 小把

香叶 3 片

蔬菜叶 6 片

盐 1 小勺

老抽 2 大勺

白糖 1 小勺

清水 800 毫升

➤ 成功的窍门：

1. 用来印花的蔬菜叶要用小一点的。大叶片也可以用，不过需要修剪一下。

2. 纱布尽量扎紧些，不然叶子与鸡蛋间有空隙，印出的花纹会不清晰。

➤ 制作步骤：

1. 鸡蛋煮好剥壳，把小片的蔬菜叶小心地贴在鸡蛋上。

2. 用干净的小片纱布包好鸡蛋，扎紧。

3. 锅中放入桂皮、八角、花椒、香叶等卤料。倒入清水、盐、老抽、白糖，大火煮开，熬煮 10 分钟。

4. 把包好的鸡蛋放入熬好的卤汁中，放入冰箱冷藏，浸泡 24 小时。

5. 取出浸泡好的鸡蛋。

6. 解开纱布，将蔬菜叶揭开，鸡蛋摆盘即可食用。

可乐卤鸡蛋

➤ 成功的窍门：

可乐中含有较多的糖分，口感比较甜。所以，在卤鸡蛋的过程中不需要加糖。

➤ 制作步骤：

1. 鸡蛋冲洗干净，冷水下锅，中火煮10 分钟。

2. 鸡蛋捞出后立即放入冷水中，冷却后剥去蛋壳。

3. 将可乐倒入锅中。

4. 加入花椒、老抽。

5. 再调入盐，开大火煮 3 分钟。

6. 把剥壳的鸡蛋放入卤汁中，煮开后转中小火煮 10 分钟。

7. 关火晾凉，把鸡蛋和卤汁一起放入保鲜盒中，放入冰箱中冷藏 4 小时即可。

制作可乐卤鸡蛋的过程中不用加糖。

啤酒卤鸡蛋

原料

鸡蛋 6 个

啤酒 1 罐

白糖 1 勺

生抽 1 勺

老抽 1 勺

盐 1/4 小勺

1
2
3
4

▶ **成功的窍门：**

1. 啤酒里面水分较多，在卤制过程中不仅不用加水，还会散发出淡淡的麦芽香味。

2. 鸡蛋卤好后，可以把鸡蛋泡在卤汁中，晾凉后放入冰箱，更容易入味。

▶ **制作步骤：**

1. 鸡蛋煮熟去壳，放入锅中，倒入啤酒。

2. 依次加入盐、白糖。

3. 调入生抽、老抽。

4. 用勺子把卤汁和鸡蛋搅拌一下，盖上锅盖，开大火煮 5 分钟，转小火再煮 10 分钟即可。

啤酒卤鸡蛋散发着淡淡的麦芽香味。

卤虎皮鸡蛋

原 料

鸡蛋 6 个

干淀粉 50 克

油 500 毫升

生抽 1 小勺

白糖 1 小勺

番茄酱 3 大勺

盐 1/4 小勺

➤ 成功的窍门：

1. 将剥好的鸡蛋裹一层干淀粉，可以防止鸡蛋放入油锅时溅油烫伤皮肤。

2. 喜欢吃酸甜味的，可以多放些番茄酱。

➤ 制作步骤：

1. 鸡蛋煮熟去壳，在干淀粉上滚一滚。

2. 将油倒入锅内，烧至六七成热时，放入裹上淀粉的鸡蛋。

3. 转中火炸至蛋皮金黄色并起泡后，将炸好的鸡蛋取出备用。

4. 锅中留底油，加入生抽、白糖、番茄酱。

5. 倒入清水，放入炸好的鸡蛋。

6. 调入盐，大火煮沸。

7. 慢慢收汁，至汤汁浓厚即可。

卤虎皮鸡蛋味道酸甜，十分开胃。

原料

鸡蛋 2 个

面粉 1 大勺

红椒 1 个

芹菜 1 根

油 1 小勺

盐 1/2 小勺

生抽 1/4 小勺

白糖 1/8 小勺

香油 1 小勺

青椒炒鸡蛋、西红柿炒鸡蛋、洋葱炒鸡蛋……你真的会做吗？做得好吃吗？想要挑战更美味的吃法吗？你的表情已经出卖了你，想要挑战的话，就细心学习吧！几十种做法任你选，各有各的不同，炒出花样，炒出美味，让筷子停不下来。

鸡蛋皮

➤ 成功的窍门：

1. 鸡蛋里面加些面粉，可以增强蛋液的韧性，不容易煎破。

2. 煎的时候锅底一定要少放油，油太多的话，蛋液不容易成饼。如果没有小刷子，可以用面巾纸蘸油擦拭锅底。

➤ 制作步骤：

1. 红椒洗净切丝，芹菜切小段。

2. 把鸡蛋打入碗中，加 1 勺水和 1/4 勺盐搅拌打散。

3. 面粉加入蛋液中，调入生抽、白糖搅拌匀，直至看不到面粉团为止。

4. 锅中放油七成热，转中火，倒入 1 勺蛋液，均匀铺满锅底。

5. 蛋皮边稍微翘起时，用手揭起蛋皮，翻面煎一下，至两面金黄。依此顺序把剩余的蛋液全部煎成蛋皮。

6. 将煎好的蛋皮切成丝。红椒丝和芹菜段焯水，和鸡蛋丝一起放入大碗中，加 1/4 小勺盐、香油，拌匀即可。

煎蛋皮时一定
要少放油，否
则不容易成形。

葱花炒鸡蛋

原料

鸡蛋 2 个

大葱 2 根

盐 1/4 小勺

油 2 勺

料酒 1/4 小勺

清水 1 勺

➤ 成功的窍门：

1. 在蛋液中加入料酒，可以减轻鸡蛋的腥味。

2. 在蛋液中加入水，可以使炒出的鸡蛋更松软可口。

➤ 制作步骤：

1. 将大葱洗净，切成小段，鸡蛋打散。

2. 把葱花和鸡蛋液混合。

3. 加入盐、料酒、清水，搅打均匀。

4. 锅中放油七成热，将鸡蛋葱花液倒入锅中，均匀铺满锅底。

5. 转中火，将鸡蛋葱花液摊至稍稍凝固。

6. 用筷子顺着一个方向搅拌鸡蛋液，直至鸡蛋凝固，成为金黄色碎块即可。

蛋液中加水，可
以使炒出的鸡
蛋松软可口。

西红柿炒鸡蛋

> **成功的窍门：**

1. 鸡蛋打散时就加入少许盐，这样容易入味。

2. 西红柿块切小一点，容易出汁，煸炒时加一点白糖，即可使味道酸甜可口，如果喜欢吃甜的口味就多加点白糖。

> **制作步骤：**

1. 西红柿去蒂切块，小香葱切末，鸡蛋打入碗中，加少许盐，用筷子充分搅打均匀备用。

2. 锅中放油七成热，转中火，将鸡蛋液倒入锅中，均匀铺满锅底。待鸡蛋液稍稍凝固，快速划散，盛入盘中备用。

3. 放入西红柿，大火快速煸炒出汁。

4. 调入白糖，翻炒几下。

5. 将炒好的鸡蛋倒入锅中，调入盐，翻炒均匀关火。

6. 出锅前撒上葱花即可。

将西红柿切成小块，翻炒时更容易出汁。

剁椒炒鸡蛋

原料

鸡蛋 2 个

剁椒 30 克

料酒 1/4 小勺

盐 1/4 小勺

油 2 小勺

清水 1 小勺

➤ **成功的窍门：**

1. 蛋液倒入油锅后，立刻用筷子顺着一个方向搅拌，可以使鸡蛋均匀受热，口感更松软。

2. 剁椒稍微煸炒，出现红油即可，时间太长，剁椒会炒糊，影响美观和口感。

➤ **制作步骤：**

1. 把鸡蛋打入碗中，加入盐、料酒、清水搅拌均匀。

2. 油锅烧至七成热时转中火，将鸡蛋液倒入锅中，均匀铺满锅底。待鸡蛋液稍稍凝固，快速划散，盛入盘中备用。

3. 锅中再次放入少量的油，油热后，加入剁椒，煸炒至出现红油。

4. 把炒好的鸡蛋倒回锅中。

5. 快速翻炒，搅拌均匀即可出锅。

剁椒容易炒糊，
所以稍微煸炒
即可。

韭菜炒鸡蛋

原料

鸡蛋 2 个

韭菜 300 克

盐 1/4 小勺

白糖 1/4 小勺

油 2 勺

春天最适合吃韭菜，
美味又新鲜。

> **成功的窍门：**

1. 盐不可过早放入，以免韭菜遇盐出水。

2. 韭菜炒至断生即可，如果时间过长，会失去原有的香味。

> **制作步骤：**

1. 韭菜洗净，切成 3 厘米左右长的段；鸡蛋打入碗中，加少许盐，用筷子充分搅打均匀备用。

2. 锅中放油七成热，转中火，将鸡蛋液倒入锅中，均匀铺满锅底。待鸡蛋液稍稍凝固，快速划散，盛入盘中备用。

3. 放入洗净沥干的韭菜，转大火快速翻炒。

4. 炒至韭菜稍微变软变色，调入 1/4 小勺白糖翻炒几下。

5. 将炒好的鸡蛋倒入锅中，翻炒均匀即可关火。

苦瓜炒鸡蛋

原料

鸡蛋 2 个

苦瓜 1 根

盐 3/8 小勺

油 2 小勺

➤ 成功的窍门：

1. 苦瓜口感很苦，可以先用少许盐腌制一下，或者焯水，去除它的苦味。

2. 常吃苦瓜不仅可以清热解暑，清肝明目，同时还有减肥降压的效果。

焯水可以去除苦味，味道一样清爽。

➤ 制作步骤：

1. 苦瓜清洗干净，从中间剖开，去子去瓤。

2. 将苦瓜切成片，鸡蛋加 1/4 小勺盐搅打均匀。

3. 苦瓜片加入 1/8 小勺盐抓匀，腌制 5 分钟。

4. 锅中倒入 1 小勺油，七成热时放入腌制过后的苦瓜片，快速翻炒一两分钟。

5. 另起锅倒入 1 小勺油，油热后将鸡蛋液倒入锅中，快速划散成鸡蛋块。将炒好的鸡蛋块倒入苦瓜片中，翻炒几下即可。

芹菜炒鸡蛋

原料

鸡蛋 2 个

芹菜 300 克

红椒 1/2 个

油 2 小勺

盐 1/4 小勺

➤ **成功的窍门:**

1. 芹菜叶的营养也很丰富,可以适当留一点芹菜叶一起炒。

2. 红椒丝切得细一点,只要断生就可以起锅。

➤ **制作步骤:**

1. 将芹菜择洗干净,斜刀切段,红椒切丝,鸡蛋打散。

2. 锅中放油七成热,转中火,将鸡蛋液倒入锅中,均匀铺满锅底。待鸡蛋液稍稍凝固,快速划散,盛入盘中备用。

3. 倒入芹菜段、红椒丝,炒至断生。

4. 把炒好的鸡蛋倒入锅中,调入盐。

5. 快速翻炒几下即可出锅。

快炒芹菜能更好地保持营养成分。

菠菜炒鸡蛋

原料

鸡蛋 2 个

菠菜 200 克

大蒜 2 瓣

盐 1/4 小勺

油 2 小勺

➤ **成功的窍门：**

1. 菠菜要先焯水再炒，这样既可以快速炒熟，又可以去掉菠菜中的草酸。

2. 有菠菜的地方少不了蒜末，有了蒜末的调味，菠菜就好吃了很多。

➤ **制作步骤：**

1. 菠菜洗净切段，鸡蛋打散备用，大蒜切片。

2. 锅中水煮沸，将菠菜放入锅中焯 1 分钟后捞出沥水。

3. 锅中放油七成热，蒜片入锅爆香，将菠菜倒入锅中，翻炒几下。

4. 另起锅，将鸡蛋液倒入锅中，快速划散成鸡蛋块。将炒好的鸡蛋倒入菠菜中，翻炒几下。

5. 调入盐，炒匀即可。

出锅前加一些炒熟的芝麻可以提香。

蚕豆炒鸡蛋

原料

鸡蛋 2 个

蚕豆 300 克

小葱 2 根

胡萝卜 1 小段

盐 1/2 小勺

白糖 1/8 小勺

油 2 小勺

清水 3 大勺

▶ 成功的窍门：

1. 将蚕豆瓣从中间剥开，在炒的过程中会比较容易熟。吃了不熟的蚕豆容易引起过敏症状，因此，一定要保证蚕豆熟透。

2. 蚕豆会有淡淡的苦涩味，加一些白糖可以减轻。

▶ 制作步骤：

1. 蚕豆洗净去皮，把蚕豆掰成两半，小葱切成葱花，胡萝卜切片。

2. 锅中加清水烧开，放入蚕豆、胡萝卜片，焯水后捞出沥水。

3. 锅中放油七成热，放入蚕豆、胡萝卜片，翻炒几下，加入白糖、3 大勺清水，盖上锅盖，焖 4 分钟。

4. 待水分收干后，加入盐，炒匀。

5. 另起锅将加少许盐的鸡蛋液倒入锅中，快速划散成鸡蛋块。将炒好的鸡蛋倒入蚕豆锅中翻炒几下，撒上葱花即可。

蚕豆炒鸡蛋最适合当做午餐，很有饱腹感。

青椒炒鸡蛋

原料

鸡蛋 2 个

青椒 3 个

油 2 小勺

盐 1/4 小勺

麻油 1/4 小勺

> **成功的窍门:**

青椒切丝之前可以把刀放平,用刀拍一下,这样更容易切,翻炒时也更容易入味。

> **制作步骤:**

1. 青椒洗净切丝,鸡蛋打入碗中,搅拌均匀备用。

2. 锅中放油七成热,转中火,将鸡蛋液倒入锅中,均匀铺满锅底。待鸡蛋液稍稍凝固,快速划散,盛入盘中备用。

3. 倒入青椒丝,大火翻炒至断生。

4. 倒入鸡蛋,翻炒几下。

5. 调入盐,淋入麻油,炒匀即可。

用彩椒炒鸡蛋也不错,口感微甜。

圆白菜粉丝炒鸡蛋

原料

鸡蛋 2 个

圆白菜 200 克

粉丝 20 克

干红尖椒 2 个

盐 1/4 小勺

油 2 小勺

生抽 1 小勺

> ## 成功的窍门：

1. 圆白菜和粉丝都属于味道比较淡的食材，加入少量干红尖椒，可以提鲜、提味，让整个菜变成超级美味的下饭菜。

2. 如果想要圆白菜更入味，可以不用菜刀切丝，改用手撕。

> ## 制作步骤：

1. 粉丝提前泡软。

2. 圆白菜洗净切丝，干红尖椒切小块备用，鸡蛋打散。

3. 锅中入油，七成熟时，倒入干红尖椒爆香。放入圆白菜丝，炒 2 分钟，至圆白菜丝稍稍变软。

4. 倒入泡好的粉丝，调入生抽提味，翻炒均匀。

5. 另起锅倒入 1 小勺油，油热后，将鸡蛋液倒入锅中，快速划散成鸡蛋块。将炒好的鸡蛋倒入圆白菜中。

6. 调入盐，翻炒均匀关火。

手撕圆白菜更简便，也更入味。

胡萝卜炒鸡蛋

原料

鸡蛋 2 个

胡萝卜 1 根

小香葱 1 根

盐 1/4 小勺

油 2 小勺

➤ 成功的窍门：

胡萝卜丝要切得细一些，或者用擦丝板擦丝，这样比较容易炒熟。

➤ 制作步骤：

1. 胡萝卜洗净切丝，小香葱切末。鸡蛋打入碗中，加入少量盐，搅拌打散。

2. 锅中放 1 小勺油，七成热时放入胡萝卜丝，炒三四分钟，至胡萝卜丝变软。

3. 另起锅，倒入 1 小勺油，油热后将鸡蛋液倒入锅中，快速划散成鸡蛋块。将炒好的鸡蛋倒入锅中，翻炒几下。

4. 调入盐，翻炒均匀。

5. 出锅时撒些葱花即可。

用擦丝板会使
胡萝卜粗细均
匀，容易炒熟。

木耳炒鸡蛋

➤ 成功的窍门

1. 木耳不宜用热水泡发。夏天可用凉水泡发,冬天选用温水。

2. 木耳泡好后,要撕成小朵,否则不容易入味。

3. 加入少量剁椒可以让木耳和鸡蛋吃起来比较有味,更下饭。

➤ 制作步骤:

1. 木耳用凉水泡发洗净。

2. 小香葱切末,蒜切小片,鸡蛋搅拌打散。泡发的木耳撕成小朵,青椒、胡萝卜切小片。

3. 锅中放 1 小勺油,七成热时放入蒜片、小尖椒入锅爆香,放入木耳翻炒 1 分钟。

4. 倒入青椒、胡萝卜片,炒 2 分钟,至青椒断生。

5. 另起锅,倒入 1 小勺油,油热后将鸡蛋液倒入锅中,快速划散成鸡蛋块。将炒好的鸡蛋倒入木耳中,翻炒几下。

6. 调入盐,翻炒均匀。出锅时撒些葱花即可装盘食用。

用凉水或温水泡发木耳效果最好。

虾仁滑蛋

原料

鸡蛋 2 个

鲜虾 200 克

小葱 2 根

生姜 4 片

胡萝卜 25 克

黄瓜 25 克

盐 1/4 小勺

淀粉 1 小勺

油 2 小勺

料酒 1 小勺

清水 1 大勺

> ➤ 成功的窍门：

虾仁炒老了影响口感，在滑虾仁的过程中，裹一层蛋液可以使虾仁熟得慢一些，并且口感滑嫩。

> ➤ 制作步骤：

1. 鲜虾自背部切开，抽去肠线，剥去虾壳，小葱切成葱花，生姜切丝。

2. 虾仁倒入鸡蛋液内。

3. 加入干淀粉、料酒和姜丝拌匀。

4. 锅中入油七成热，倒入虾仁鸡蛋液。

5. 快速翻炒滑散虾仁，让蛋液与虾仁一起凝固，虾仁变色后盛出。

6. 胡萝卜、黄瓜切丁，倒入锅中。

7. 调入 1 大勺清水和盐，翻炒均匀。

8. 倒入炒好的虾仁鸡蛋，充分炒匀，撒入葱花即可。

裹了蛋液的
虾仁口感十
分滑嫩。

丝瓜炒鸡蛋

原料

鸡蛋 2 个

丝瓜 1 根

红椒 1/2 个

盐 1/4 小勺

油 2 小勺

> ➤ **成功的窍门：**

要想丝瓜颜色翠绿，可以焯水后冲凉。即使是新手，也能做出色香味俱全的好菜。

> ➤ **制作步骤：**

1. 丝瓜洗净去皮，切滚刀块，鸡蛋打散备用，红椒切片。

2. 锅中水煮沸，将丝瓜放入锅中，焯1分钟后捞出沥水。

3. 锅中放 1 小勺油，七成热时，丝瓜和红椒片入锅炒 1 分钟。

4. 另起锅，倒入 1 小勺油，油热后，将鸡蛋液倒入锅中，快速划散成鸡蛋块。将炒好的鸡蛋倒入丝瓜中，翻炒几下。

5. 调入盐，炒匀后关火即可。

少放油会让丝瓜
清甜爽口的特点
凸显出来。

洋葱炒鸡蛋

原料

鸡蛋 2 个

洋葱 1 个

盐 1/4 小勺

油 2 小勺

生抽 1/4 小勺

➤ **成功的窍门：**

1. 洋葱丝可提前放入水中泡几分钟，去除一些洋葱的味道，炒的时候味道没有那么呛。

2. 待洋葱稍微变色时，淋入少许生抽可以提鲜。

➤ **制作步骤：**

1. 洋葱洗净切丝，鸡蛋打散备用。

2. 锅中放 1 小勺油，七成热时转中火，将鸡蛋液倒入锅中，均匀铺满锅底。待鸡蛋液稍稍凝固，快速划散，盛入盘中备用。

3. 放入洋葱丝，炒 2 分钟，至洋葱丝稍稍变色，加入生抽。

4. 倒入炒过的鸡蛋翻炒几下。

5. 最后调入盐，翻炒均匀即可。

常吃洋葱炒鸡蛋能抵御流感病毒。

黄花菜炒鸡蛋

原料

鸡蛋 2 个

干黄花菜 50 克

小香葱 1 根

生姜 4 片

盐 1/4 小勺

油 1 小勺

生抽 1 小勺

▶ 成功的窍门：

1. 干黄花菜要泡较长时间才会泡软，要提前准备。水中可以放少量淀粉，把其中的沙子去掉。

2. 出锅前可以滴入几滴麻油，味道更香。

▶ 制作步骤：

1. 干黄花菜洗净，切成小段，用温水泡 2 小时；小香葱、生姜切丝备用；鸡蛋打散搅匀。

2. 锅中入油七成热，倒入蛋液，待炒熟后盛出备用。

3. 锅内再次放入少许油，放入葱、姜丝炒出香味。

4. 加入黄花菜，翻炒 2 分钟左右。

5. 倒入炒好的鸡蛋。

6. 调入生抽、盐，翻炒均匀后，即可出锅。

出锅前滴几滴麻油，味道更香。

平菇滑蛋

原料

鸡蛋 2 个

平菇 200 克

青椒 1 个

小香葱 1 根

盐 1/4 小勺

油 2 小勺

> **➤ 成功的窍门：**

1. 平菇尽量用手撕成小朵，这样便于炒熟。

2. 喜欢吃软烂一点的，可以将平菇炒好后，稍放一点水，炖 1 分钟，再放鸡蛋同炒。

> **➤ 制作步骤：**

1. 平菇洗净，用手撕成小朵，青椒切丝，小香葱切末，鸡蛋打散备用。

2. 锅中水煮沸，将平菇放入锅中，焯 1 分钟后捞出沥水。

3. 锅中放油七成热，将平菇倒入锅中翻炒一两分钟。

4. 另起锅，倒入 1 小勺油，油热后将鸡蛋液倒入锅中，快速划散成鸡蛋块。将炒好的鸡蛋和青椒丝倒入平菇中翻炒均匀。

5. 调入盐，炒匀后，撒上葱花，关火即可。

香菇炒鸡蛋

原料

鸡蛋 2 个

鲜香菇 5 朵

青椒 2 个

盐 1/4 小勺

油 2 小勺

➤ 成功的窍门：

1. 香菇切丝之前最好在淀粉水里面泡一下，去除香菇上自带的沙土。

2. 在翻炒过程中，香菇自身会出水，因此在炒制过程中不用加水。如果选用泡发的干香菇炒这道菜，可以适当加一些水。

➤ 制作步骤：

1. 香菇洗净切片，青椒切丝，鸡蛋打散备用。

2. 锅中水煮沸，将香菇片放入锅中焯1分钟后捞出沥水。

3. 锅中放油七成热，将香菇、青椒倒入锅中翻炒 2 分钟。

4. 另起锅，倒入 1 小勺油，油热后将鸡蛋液倒入锅中，快速划散成鸡蛋块。将炒好的鸡蛋和青椒丝倒入香菇中翻炒均匀。

5. 调入盐，炒匀后关火即可。

炒鲜香菇时
不需要放水。

韭菜涨蛋

原料

鸡蛋 2 个

韭菜 100 克

盐 1/4 小勺

油 1 小勺

> **成功的窍门：**

韭菜的量不好掌握，太多不容易成形，太少又没味道。韭菜和鸡蛋的比例把握在刚好能做成蛋糊即可。

> **制作步骤：**

1. 鸡蛋打入碗中，调入少量盐，搅拌均匀。韭菜洗净，切成碎末。

2. 将韭菜末放入打好的鸡蛋液中，搅拌均匀。

3. 锅内倒入油，七成热时倒入鸡蛋液，转动不粘锅，使蛋液均匀铺满锅底。

4. 小火煎至金黄。

5. 轻轻用铲子翻面，将第二面也煎至金黄。

6. 将蛋饼移置案板，稍稍晾凉后切片。

掌握好韭菜和
鸡蛋的比例就
成功了一半。

木樨肉

原料

鸡蛋 2 个

干黄花菜 20 克

黄瓜 1/2 根

猪里脊肉 100 克

小葱 1 根

油 2 小勺

盐 1/4 小勺

料酒 1/4 小勺

淀粉 1/4 小勺

生抽 1 小勺

白糖 1/4 小勺

▶ 成功的窍门：

1. 鸡蛋很容易吸收盐分，炒好后要先盛出来，否则会很咸。

2. 木耳和黄花菜要泡足1 小时，并且木耳要撕成小朵，黄花菜要切段，这样炒出来才入味。

▶ 制作步骤：

1. 黄花菜泡发后，洗净沥水，小葱切末。

2. 黄花菜切成段，黄瓜洗净后切成片，鸡蛋打散。猪里脊肉切成薄片，用料酒和淀粉抓拌一下，腌制 5 分钟。

3. 锅中放 1 小勺油，七成热时倒入肉片，炒至变色后盛出。

4. 倒入黄花菜段、黄瓜片翻炒几下。

5. 另起锅，倒入 1 小勺油，油热后将鸡蛋液倒入锅中，快速划散成鸡蛋块。将炒好的鸡蛋和肉片倒入黄花菜中，翻炒几下。

6. 调入生抽、盐、白糖，翻炒均匀，淋入水淀粉勾芡。出锅前撒上葱花即可。

鸡蛋炒好后要及时盛出，否则会很咸。

赛螃蟹

原料

鸡蛋 2 个

黄花鱼 1 条

小葱 1 根

生姜 1 片

生抽 1 小勺

盐 1/4 小勺

料酒 1/4 小勺

油 2 勺

干淀粉 1/4 小勺

> **成功的窍门:**

炒蛋清时速度要快,既不
能老了,又不能炒得太结
实,要呈半流体状态。

> **制作步骤:**

1. 鸡蛋蛋清、蛋黄分开,分别打散,
   黄花鱼肉切成丁,生姜切末。

2. 黄花鱼肉丁加生抽、料酒、少量蛋
   清、干淀粉、姜末腌制 10 分钟。

3. 锅中加入 1 勺油,把蛋清倒入锅中,
   炒至稍稍凝固盛出。

4. 锅中另加 1 勺油,把蛋黄倒入锅中,
   炒至稍稍凝固盛出。

5. 将腌好的鱼肉倒入锅中翻炒。

6. 倒入炒好的蛋清和蛋黄,调入盐,
   翻炒均匀即可出锅。

当蛋清呈半流
体状态时即可
出锅。

营养煮蛋、蒸蛋

很多时候，鸡蛋看起来很油腻，不放油又没有味道，只有加了青椒、西红柿一类的蔬菜才有所改变。其实，这是一个误区。不放油、少放油，鸡蛋也一样美味。不放油、少放油，鸡蛋也可以小清新。就从现在开始，对鸡蛋改观吧！

红糖水荷包蛋

原料

鸡蛋 3 个

红糖 2 勺

➤ **成功的窍门：**

1. 鸡蛋打入水中后，要转小火，防止水沸腾时把鸡蛋冲散。

2. 等到鸡蛋稍微成形以后再轻轻翻动，否则容易碰破鸡蛋。

➤ **制作步骤：**

1. 锅中放水，大火煮开后转小火，鸡蛋打入锅中，待鸡蛋慢慢成形。在这个过程中不要翻动鸡蛋，完全成形后再轻轻拨动一下。

2. 加入 2 勺红糖，继续煮 2 分钟即可出锅。

年老体虚的人应经常食用红糖，对身体十分有益。

和风日式茶碗蒸

原料

鸡蛋 2 个

鲜虾 4 只

香菇 2 朵

蟹柳 2 根

生抽 1/4 小勺

料酒 1/8 小勺

白糖 1/4 小勺

盐 1/4 小勺

➤ 成功的窍门：

1. 蛋液要撇去浮沫，这样才不会有气泡。

2. 经过纱网过滤的蛋液口感会比较顺滑。

➤ 制作步骤：

1. 鲜虾去头剥壳，抽去肠线，香菇洗净，切十字刀，蟹柳切片。

2. 鸡蛋打入碗中，加盐、生抽、白糖、料酒和等量清水，用筷子搅拌打散，过滤后倒入蒸碗中。

3. 冷水上锅，大火烧开后，转小火蒸 4 分钟，将虾、香菇、蟹柳片摆放在半凝固的鸡蛋液上。

4. 继续蒸 5 分钟即可。

和风日式茶碗蒸可以作为待客的配菜。

当归红枣煮鸡蛋

原料

鸡蛋 3 个

当归 10 克

红枣 3 颗

枸杞子 10 克

红糖 10 克

➤ 成功的窍门：

红糖要在出锅前添加，否则煮的时间太长会流失营养成分。

➤ 制作步骤：

1. 将鸡蛋放入冷水锅中煮 10 分钟，去壳。

2. 锅中放入 3 碗冷水，放入去了壳的鸡蛋、红枣、枸杞子、当归，开大火。

3. 水烧开后，转小火炖半小时，出锅前加入红糖，搅拌均匀即可。

这道当归红枣煮鸡蛋趁热吃味道比较好。

小猪蛋羹

原料

鸡蛋 2 个

火腿 1 片

海苔 1 片

盐 1/4 小勺

> 成功的窍门:

1. 选用海苔而不选用紫菜,是因为海苔经过处理,比较容易用剪刀剪出形状。

2. 要在蒸 5 分钟之后摆入火腿片和海苔,提前摆入的话,就会落入蛋液中,不能蒸出小猪的形状。

火腿片可以做出很多形状,满足孩子的好奇心。

> 制作步骤:

1. 把鸡蛋打入碗中,加少许盐、等量清水,用筷子搅拌打散,直至蛋清和蛋黄完全混合。

2. 蛋液过筛后,倒入蒸碗。

3. 蒸碗覆上保鲜膜,冷水上锅,大火烧开后,蒸 8 分钟关火。

4. 按图将火腿切成 2 个扇形和 1 个椭圆形,海苔剪 2 个大圆形和 2 个小圆形以及 1 个弯弯条。然后将整理好的火腿片和海苔摆成小猪的形状,放在鸡蛋羹上面即可。

酸奶蛋羹

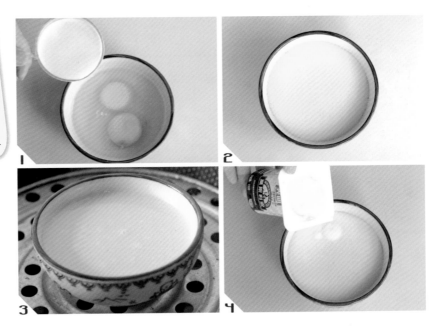

原料

鸡蛋 2 个

酸奶 1 小盒

牛奶 120 毫升

白糖 5 克

➤ 成功的窍门：

食用时也可放入自己喜欢的应季水果，口感更佳。

➤ 制作步骤：

1. 将鸡蛋打散，加入牛奶搅拌均匀。

2. 过滤 2 遍后倒入蒸碗。

3. 冷水上锅，大火烧开后转小火蒸 10 分钟。

4. 蒸好的蛋羹稍晾凉后，倒上酸奶即可。

酸奶蛋羹搭配坚果是非常不错的创意。

鲜奶蒸蛋

原料

鸡蛋 2 个

牛奶 120 毫升

玉米粒 10 克

细砂糖 5 克

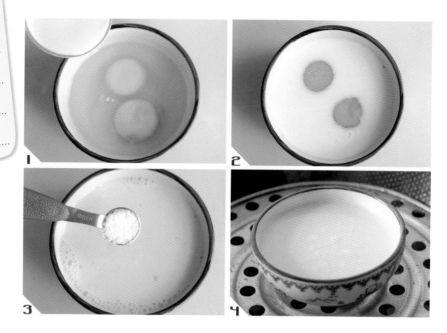

➤ **成功的窍门：**

1. 这种蒸蛋不仅简单易做，而且美味营养，其中的玉米粒可以换成紫薯块、核桃碎等。

2. 取出来放入冰箱中冷藏一下，味道更佳。

➤ **制作步骤：**

1. 鸡蛋打入碗中，加入牛奶。

2. 充分搅拌均匀。

3. 加入细砂糖。

4. 过滤 2 遍后倒入蒸碗。冷水上锅，大火烧开转小火蒸 10 分钟。最后撒上焯过水的玉米粒即可食用。

加了玉米粒的鲜奶蛋羹口感更甜。

肉末蒸蛋

➤ **成功的窍门：**

搅拌打散蛋液的时候，一定要打至蛋清和蛋黄完全融合，没有整块的蛋清为止。

➤ **制作步骤：**

1. 猪肉剁成肉末，加料酒、姜末搅拌均匀，小香葱切末，鸡蛋打散。

2. 蛋液中加入等量清水、盐，搅拌均匀，过滤后倒入蒸碗中，覆上保鲜膜。

3. 冷水上锅，大火烧开后转小火蒸10分钟左右。

4. 锅中放油，七成热时倒入肉末，翻炒至变色。

5. 调入生抽、麻油和少量清水，放入葱末，炒2分钟后关火盛出，浇在蒸好的鸡蛋羹上面即可。

过滤后的蛋液口感比较顺滑。

鸡蛋酿肉

> **成功的窍门：**

1. 猪肉糜中本身就有盐了，炒杂丁时，一定要少放盐。

2. 喜欢吃鸡肉的话，可以把猪肉糜换成鸡肉。

> **制作步骤：**

1. 鸡蛋煮熟剥壳，从中间剖开，去掉蛋黄，摆入盘中备用。

2. 猪肉糜加葱末、姜末、料酒、盐、生抽、白糖搅拌均匀，将适量肉馅放在蛋白上面。胡萝卜、香菇、黄瓜、红椒分别切丁。

3. 冷水上锅，将酿好的鸡蛋放在盘中蒸 10~15 分钟。

4. 锅中加少量油，七成热时倒入杂丁，翻炒 2 分钟。

5. 加入盐充分炒匀。

6. 将炒好的菜直接浇在蒸好的鸡蛋上面即可。

炒杂丁时，一定要少放盐。

蛤蜊蒸蛋

原料

鸡蛋 2 个

蛤蜊 80 克

小香葱 1 根

生姜 2 片

盐 1/4 小勺

生抽 1/8 小勺

麻油 1/4 小勺

料酒 1/4 小勺

➤ 成功的窍门：

1. 用煮蛤蜊的水混合蛋液，可以使蛋液中有蛤蜊的鲜味。

2. 煮蛤蜊的水一定要晾凉后才能加入蛋液中。

➤ 制作步骤：

1. 在水中放入少许盐，或者滴几滴麻油，把蛤蜊放入水中浸泡 2 小时，使其吐净泥沙。

2. 用刷子把蛤蜊表面清洗干净，放入锅中，放水加姜片、料酒，烧开。

3. 将蛤蜊煮至开口立即捞出。

4. 将鸡蛋加入等量清水，调入盐、生抽搅打均匀，倒入蒸碗，放入蛤蜊。

5. 冷水上锅，大火烧开后，转小火蒸 8 分钟。

6. 撒上葱花即可食用。

蛋液和蛤蜊水的比例在2:3左右最佳。

鱼片蒸蛋

原料

鸡蛋 3 个

鱼肉 100 克

蔬菜条(黄瓜、青椒、红椒)适量

盐 1/4 小勺

淀粉 1 小勺

料酒 1 小勺

生抽 1 小勺

麻油 1 小勺

> ## 成功的窍门:

1. 鱼片比较薄,腌制 5~10 分钟即可。

2. 在鸡蛋蒸 6 分钟以后再放入鱼片,可以防止鱼片蒸得过老。

> ## 制作步骤:

1. 将鱼剖开,剔掉鱼刺,斜刀将鱼肉切成片。

2. 鱼片加入少许盐、料酒、生抽、淀粉腌制 10 分钟。

3. 蔬菜条切成比鱼片长度稍长的段,卷入鱼片内。

4. 鸡蛋打入碗中,加入盐、等量清水,搅拌均匀。过滤后倒入蒸盘,冷水上锅烧开后,转小火蒸 6 分钟。

5. 将卷好的鱼卷轻轻铺在半凝固的鸡蛋上。

6. 继续蒸 5 分钟,关火,在蛋液表面淋上麻油即可出锅。

如果鱼片较薄，腌制 5 分钟左右即可。

什锦蒸蛋

原料

鸡蛋 2 个

猪肉末 30 克

豌豆 20 克

冬笋 20 克

小葱 1 根

生抽 1/4 小勺

盐 1/4 小勺

料酒 1/4 小勺

油 1 小勺

➤ **成功的窍门：**

什锦菜炒至七八成熟即可，放在蛋液上继续蒸两三分钟就全熟了。

➤ **制作步骤：**

1. 锅中入油，七成热时倒入猪肉末，调入料酒，炒至变色。

2. 冬笋洗净切丁，倒入锅中翻炒几下。

3. 倒入豌豆，调入少许盐，炒匀盛出。

4. 将鸡蛋打入碗中，调入生抽、盐。

5. 蛋液中加入等量清水，搅拌均匀后过滤，倒入蒸碗，冷水上锅，大火烧开后转小火蒸 7 分钟左右。

6. 将炒好的什锦菜倒在鸡蛋羹上面，小火蒸 3 分钟后即可出锅。

什锦蒸蛋可以根据自己的喜好变化菜品内容。

三色蒸蛋

原料

鸡蛋2个

皮蛋1个

咸蛋黄1个

盐1/8小勺

> ➤ 成功的窍门：

1. 蒸好的蛋羹如果不容易取出，可以直接食用，无需切块装盘。

2. 咸蛋黄本身带有咸味，所以鸡蛋液中只需放少量的盐。

> ➤ 制作步骤：

1. 皮蛋、咸蛋黄切成小丁，鸡蛋打入碗中。

2. 皮蛋丁、咸蛋黄丁摆入蒸盘底部，放平。

3. 在鸡蛋里加盐并加入等量的凉开水，搅拌均匀后过滤，倒入装有蛋黄的蒸盘中。

4. 冷水上锅，大火烧开。

5. 转小火蒸10分钟后关火，稍稍晾凉。

6. 从蒸盘中取出蒸好的三色蛋，按照自己喜欢的形状切一下，装盘即可食用。

蛋液中要少放盐，否则会过咸。

干贝蒸蛋

➤ 成功的窍门：

1. 如果来不及泡发干贝，可以放在锅里煮 10 分钟。

2. 泡干贝的水不要倒掉，在混合蛋液时可以起到提鲜的作用。

➤ 制作步骤：

1. 干贝清洗干净，放入清水中浸泡 2 小时。

2. 干贝泡好后捞出，用手撕成丝。小香葱切成末。

3. 将鸡蛋打入碗中，加入等量的干贝水，调入盐、生抽搅拌打散，倒入蒸碗。

4. 锅中加冷水，大火烧开后转小火蒸 4 分钟，把干贝丝放在蒸好的鸡蛋上。

5. 继续蒸 4 分钟左右。出锅前滴入麻油，撒上小香葱点缀即可。

干贝水不要倒掉，可以提鲜。

橙香蛋羹

原料

鸡蛋 2 个

橙子 1 个

枸杞子 8 颗

冰糖 2 颗

➤ **成功的窍门：**

用橙子壳做容器可以很好地保持橙子原来的味道，蒸过以后，会散发浓郁的橙子香味。

➤ **制作步骤：**

1. 将橙子一切为二，挖出果肉，留下橙子壳当蒸碗。

2. 鸡蛋液中加入等量清水搅拌均匀，过滤后倒入橙子壳中。

3. 将枸杞子和冰糖分别放入蛋液中，然后把装好蛋液的橙子壳放在蒸锅上。

4. 冷水上锅，水开后，转中小火蒸 6 分钟即可。

用比较薄的勺子挖果肉，又快又干净。

酒酿鸡蛋花

原料

鸡蛋 2 个

酒酿 100 毫升

红枣 3 颗

枸杞子 5 克

红糖 5 克

3

> **成功的窍门：**

1. 鸡蛋要先打入碗中，待水开后再倒入水中搅拌，这样比较容易出蛋花。

2. 酒酿不要长时间煮，一般煮一两分钟就可以了。

3. 红糖用量可以按个人喜好添加，不喜甜可以不放。

> **制作步骤：**

1. 锅内加入适量清水，放入红枣和枸杞子，大火烧开。

2. 转小火继续煮 5 分钟左右。 鸡蛋搅拌成蛋液后，沿锅边慢慢倒入锅中，用勺子搅拌成蛋花。

3. 待蛋液凝固后，加入酒酿和红糖，稍微搅拌即可出锅。

常吃酒酿鸡蛋花，让皮肤细嫩有光泽。

蔬香鳕鱼蛋羹

原料

鸡蛋 2 个

鳕鱼 50 克

胡萝卜 30 克

菠菜 20 克

小香葱 1 根

盐 1/4 小勺

生抽 1 大勺

➤ 成功的窍门：

1. 菠菜一定要先焯水，可以除去苦涩的味道和不容易被人体吸收的草酸。

2. 鸡蛋蒸 6 分钟后再放入鳕鱼和蔬菜，才能保证不同食材同时熟。

➤ 制作步骤：

1. 菠菜放入开水中焯烫，切末，胡萝卜切成细丁，鳕鱼切成小丁，小香葱切末。

2. 将鸡蛋加盐、生抽和等量清水搅拌均匀过滤倒入蒸碗，冷水上锅。

3. 大火烧开后蒸 6 分钟，加入鳕鱼丁、胡萝卜丁、菠菜末。

4. 所有的材料加好后，继续蒸 4 分钟。

5. 撒上葱末即可出锅。

菠菜焯过水后，
口感会好很多。

鸡蛋蒸鳗鱼

原料

鳗鱼 100 克

鸡蛋 1 个

姜丝适量

生抽 1/4 小勺

料酒 1/4 小勺

盐 1/8 小勺

➤ **成功的窍门：**

1. 如果不太会收拾鳗鱼，可以买烤鳗鱼，直接切段蒸。

2. 先在盘子四周摆好鳗鱼，打鸡蛋时动作一定要快，这样整个造型才会比较好看。

➤ **制作步骤：**

1. 将鳗鱼段剪开，取出内脏。

2. 洗净的鳗鱼段放在案板上。

3. 用刀小心地剔去鱼骨。

4. 将鳗鱼切成 2 厘米左右长的小段，加料酒、盐腌制 20 分钟。

5. 蒸盘底摆上姜丝，放上鳗鱼块，中间打入鸡蛋。

6. 冷水上锅蒸 15 分钟，出锅淋上生抽即可。

超市中售卖的烤鳗鱼可以直接切段蒸。

姜醋猪脚蛋

原料

猪蹄 2 只

鸡蛋 4 个

生姜片 5 克

甜醋 2 大勺

冰糖 30 克

老抽 1 大勺

盐 1/2 小勺

料酒 1/2 小勺

> ➤ 成功的窍门：

1. 猪蹄最好先焯水，否则会出现腥臭味。

2. 最好选用甜醋，因为甜醋口感偏甜，使用陈醋的话，会有些发涩。

> ➤ 制作步骤：

1. 鸡蛋煮熟，去壳备用。

2. 猪蹄加生姜片、料酒预先焯水。将焯水后的猪蹄和生姜片放入锅中煮沸，加入熟鸡蛋。

3. 倒入冰糖。

4. 调入甜醋、老抽，并用勺子轻轻搅匀。

5. 转小火煮 2 小时，调入盐，再煮 5 分钟即可。

姜醋猪脚蛋口感好，是不错的下饭菜。

鸡蛋豆腐

原料

黄豆 150 克

鸡蛋 3 个

➤ **成功的窍门：**

1. 鸡蛋豆腐液一定要过筛，否则口感不够细腻。

2. 盖上保鲜膜是怕水蒸气进到鸡蛋豆腐液中。

3. 在保鲜膜上扎孔是为了把鸡蛋豆腐液蒸透。

➤ **制作步骤：**

1. 黄豆洗净，泡 8 小时。

2. 黄豆放入豆浆机里，加水，打成熟豆浆。

3. 豆浆倒入碗中晾凉。

4. 鸡蛋打入碗中，倒入等量的豆浆搅拌均匀。

5. 混合液过筛后，倒入铺有保鲜膜的方形容器，再覆上一层保鲜膜。冷水上锅，中小火蒸 10 分钟，然后在保鲜膜上扎几个小孔，盖上锅盖，用小火再蒸 5 分钟。

6. 晾凉后，移至案板，切成小块即可。

鸡蛋豆腐是给老
人和孩子补钙的
美味。

花样鸡蛋餐

鸡蛋除了炒和蒸，还有什么吃法呢？其实小小的鸡蛋可以变身成各种美味大餐，只要花些心思，进行一些有创意的组合搭配，意想不到的美味会令人很有成就感。

原料

鸡蛋 2 个

西红柿 1 个

生菜 1 棵

洋葱 1/2 个

苹果 1/2 个

沙拉酱适量

鸡蛋时蔬沙拉

1

2

> **成功的窍门：**

在切鸡蛋时，可以在刀上洒一些水，这样蛋黄不会粘在刀面上，能切出漂亮的形状。

> **制作步骤：**

1. 将鸡蛋煮好，剥壳后切成月牙形，西红柿切片，生菜切丝，洋葱切丝，苹果切小丁。

2. 将切好的食材放入大的沙拉碗中。最后按个人口味倒入沙拉酱，用勺子从下往上翻一下，将沙拉酱裹在食材外面即可。

蛋黄可以最后放，不会中途散开。

土豆鸡蛋沙拉

原料

土豆 1 个

鸡蛋 1 个

黄瓜 1/2 根

圣女果 1 个（装饰用）

沙拉酱 50 克

盐 1/4 小勺

➤ 成功的窍门：

1. 煮土豆时可以在水中加入少许醋，这样土豆不会变黑，还会松软可口。

2. 水烧开后，要改为中小火，使土豆内外受热均匀，熟后才会松软好吃，如果一直用大火煮，会把土豆外部煮糊，内部却不熟。

➤ 制作步骤：

1. 鸡蛋煮熟，取出蛋黄，土豆蒸熟，将二者放入容器中混合，捣成泥状。

2. 蛋白和黄瓜分别切成丁。

3. 蛋白、黄瓜丁放入容器，加 30 克沙拉酱拌匀。

4. 拌好的沙拉酱丁倒入土豆蛋黄泥容器中。

5. 顺着同一方向将食材充分搅拌匀即可装盘，淋上剩余的沙拉酱，搭配圣女果食用。

几个圣女果就能让这道沙拉靓起来。

吉星高照

原料

鸡蛋 3 个

红鱼子酱 15 克

橙鱼子酱 15 克

沙拉酱适量

1

2

3

4

➤ **成功的窍门：**

1. 鱼子酱和沙拉酱里面都有盐，不用再放盐。

2. 煮鸡蛋时，在锅里放 1 小段葱，鸡蛋就不会煮破。

➤ **制作步骤：**

1. 将鸡蛋清洗干净，放在冷水锅中，大火烧开后，转小火煮 10 分钟。

2. 取出鸡蛋，放在冷水中浸冷，剥去外壳。

3. 将鸡蛋一切为二。

4. 在蛋黄上分别放上鱼子酱，食用时淋上沙拉酱即可。

逢年过节的时候吃吉祥高照最合适不过。

黑豆鸡蛋米酒汤

原料

鸡蛋 2 个

黑豆 60 克

米酒 120 毫升

> 成功的窍门：

1. 米酒就是醪糟，喜欢吃甜的，可以多放一些。

2. 用泡黑豆的水煮汤，而且水一定要加足。

> 制作步骤：

1. 黑豆洗干净，提前泡 4~6 小时。

2. 将泡好的黑豆放入锅中，大火烧开后转小火煮 1 小时。

3. 鸡蛋洗净，煮熟剥壳，放入锅中和黑豆一起煮 30 分钟。

4. 加入米酒，煮 3 分钟即可。

黑豆鸡蛋米酒汤对体弱的女性很有益处。

菠菜鸡蛋饼

原料

鸡蛋 4 个

菠菜 150 克

面粉 50 克

油适量

盐适量

➤ 成功的窍门：

煎面糊的过程中不要用大火，因为不粘锅热效能较高，用大火容易糊。可以选择用中小火慢慢煎。

➤ 制作步骤：

1. 菠菜洗净，放入开水中焯烫，30 秒后捞出。菠菜沥水，切成小段。

2. 菠菜中打入 4 个鸡蛋，顺着一个方向搅拌。

3. 倒入面粉，加入少量的盐，继续搅拌，直至没有面疙瘩为止。

4. 在不粘锅中倒入少量油，油热后，倒入菠菜鸡蛋面糊。

5. 转动平底锅至面糊铺满整个锅底，煎至金黄，再翻另一面，煎至金黄即可出锅。

菠菜全麦饼

原料

面粉 100 克

菠菜 50 克

鸡蛋 1 个

洋葱 1 个

盐 1/4 小勺

油 1 小勺

白胡椒粉 1/4 小勺

生抽 1/4 小勺

➤ **成功的窍门：**

1. 这里的洋葱圈要求比较高，不论大小，一定不能切断。

2. 面糊的黏稠程度要适中，太稀煎不成形，太稠中间会夹生。

➤ **制作步骤：**

1. 锅中烧开水，将洗干净的菠菜放入焯水后捞出。

2. 焯水的菠菜切末，放入料理机或榨汁机中，加少量水，打成汁。

3. 面粉倒入容器中，打入鸡蛋。

4. 再将菠菜汁倒入面粉中，调入盐、白胡椒粉。

5. 顺着同一方向将面糊搅拌至完全没有颗粒。

6. 锅内入油，七成热时放入切好的洋葱圈。

7. 用勺子将面糊倒入洋葱圈内。

8. 煎至两面微黄即可装盘。

洋葱圈不能切断，否认会影响整体造型。

土豆丝鸡蛋饼

原料

鸡蛋 2 个

土豆 1 个

青椒 50 克

面粉 30 克

白糖 1/4 小勺

小香葱 1 根

盐 1/4 小勺

生抽 1 大勺

油 1 小勺

➤ **成功的窍门:**

1. 土豆去皮后不要用刀切成丝,要用擦丝板擦成茸,这样比较容易煎熟。

2. 喜欢酸甜的,可以将蘸汁换成香醋 1 汤匙加白糖 1 匙。

➤ **制作步骤:**

1. 小香葱切末,青椒切小丁。土豆去皮,用擦丝板快速将土豆擦成茸。

2. 鸡蛋打散后加入土豆茸。

3. 碗内再调入盐、白糖。

4. 倒入面粉。

5. 充分搅匀成面糊。

6. 油锅烧至七成热时转小火,将土豆糊倒入锅中。

7. 将两面全部煎至金黄色后,关火。

8. 按照自己的喜好切好土豆丝鸡蛋饼,装入盘中。将生抽装入小碟中,加入葱花和蔬菜丁拌匀成蘸汁,将土豆丝鸡蛋饼蘸汁吃即可。

土豆切末更容易搅拌，很适合新手。

金玉满堂

原料

鸡蛋 3 个

黄瓜 1 根

胡萝卜 1 根

肉松 5 克

生菜少许

淀粉 1 小勺

盐 1/4 小勺

沙拉酱 1 大勺

> ➤ 成功的窍门：

1. 在打鸡蛋时加入少量的淀粉和盐，可以让蛋皮变得强韧、细腻，口感和质感更好。

2. 如果没有裱花袋，用勺子将沙拉酱抹在蛋卷上也可以。

> ➤ 制作步骤：

1. 鸡蛋加入淀粉和盐打散。锅内放油，七成热时倒入蛋液，转动锅让蛋液均匀铺满锅底。

2. 待蛋饼变色、边缘变硬时，揭起蛋饼边缘翻一面，待另一面变色时取出晾凉。

3. 蛋皮放在案板上，将切好的黄瓜条、胡萝卜条、生菜丝、肉松铺在蛋皮的一边。

4. 将鸡蛋饼卷起，压紧，在封口的地方抹一些沙拉酱，使其牢固。最后将鸡蛋卷切成 3 厘米左右的长段，用裱花袋将沙拉酱挤在蛋卷上即可。

沙拉酱不但能提味，还有固定作用。

鸡蛋寿司卷

原料

鸡蛋 2 个

米饭 150 克

海苔 1 张

肉松 10 克

胡萝卜 1 小根

黄瓜 1 段

寿司醋 1 小勺

> ## 成功的窍门:

除了胡萝卜、黄瓜,也可以切一些火腿之类的食材裹入寿司中,口感会更好。

> ## 制作步骤:

1. 黄瓜、胡萝卜洗净切丝,摊好的鸡蛋皮切丝。

2. 寿司醋倒入米饭中,拌匀,寿司醋与米饭的比例大约是 1∶6。

3. 在寿司帘上放上海苔,将米饭铺平,尽量保持饭粒完整、松软,四周稍微留一点边。

4. 在米饭上铺上切好的黄瓜丝、胡萝卜丝、蛋皮丝、肉松。

5. 用寿司帘将紫菜卷起,用手紧握几下后打开。

6. 刀上沾水,将寿司卷切成小段即可。

喜欢吃的食材都可以卷进寿司里。

芝香鸡蛋卷

原料

鸡蛋 2 个

黄油 5 克

低筋面粉 50 克

黑芝麻 5 克

细砂糖 1 大勺

➤ 成功的窍门：

面糊中混有黄油，摊饼时锅中无需用油。

➤ 制作步骤：

1. 鸡蛋打散，倒入细砂糖，加入融化的黄油。

2. 稍稍搅拌，无需完全混合均匀。

3. 筛入低筋面粉。

4. 倒入黑芝麻。

5. 搅拌均匀，直至面糊呈黏稠状。

6. 将锅烧热后调至中小火，放入 1 勺面糊，快速摊平。

7. 待面糊边缘稍微卷起，将面饼翻面，摊至表面呈金黄色，取出面饼。

8. 以筷子为轴，卷成筒状即可。依次摊完余下的面糊。

用筷子卷出来的鸡蛋卷均匀、紧致。

黄金蛋饺

原料

鸡蛋 4 个

猪肉糜 250 克

小香葱 1 根

生姜 3 片

盐 1/2 小勺

料酒 1 小勺

生抽 1 小勺

白糖 1/4 小勺

➤ 成功的窍门：

1. 如果没有圆形蛋模，可以转动汤勺，使蛋液均匀呈现圆形铺在锅中，形成蛋饼。

2. 蛋皮稍微凝固就要放肉馅，不要等到肉馅煎熟，只要两面金黄就行，等到火锅或者炖菜时再炖煮一下才能食用。

➤ 制作步骤：

1. 猪肉糜加盐、料酒、生抽、白糖、葱末和姜末，顺着一个方向搅拌至上劲。

2. 锅中放少量油，放入圆形蛋模。

3. 舀 1 小勺打散的蛋液放入蛋模内。稍凝固时取走蛋模，用筷子将肉馅放在蛋皮一侧。

4. 筷子挑起蛋皮的另一侧，使蛋皮边缘粘合，翻面煎至两面金黄。依次将剩下的蛋液和肉馅煎完。

黄金蛋饺很
适合涮火锅。

牛肉滑蛋饭

原料

鸡蛋 2 个

牛肉 150 克

米饭 1 碗

小香葱 1 根

油 2 小勺

盐 1/4 小勺

料酒 1/4 小勺

蚝油 1/4 小勺

白糖 1/4 小勺

> **成功的窍门:**

1. 牛肉炒好后一定要晾凉才能放入蛋液中,否则会把蛋液烫熟。

2. 蛋液入锅后,要迅速翻炒,使蛋液和牛肉混合,这样做出来的牛肉口感才能顺滑。

> **制作步骤:**

1. 牛肉清洗后切成条,加料酒、白糖、蚝油腌制 30 分钟。小香葱切末,鸡蛋打散。

2. 锅中放 1 小勺油,七成热时倒入牛肉,快速滑散。

3. 炒至八成熟即可出锅,晾凉。

4. 将晾凉的牛肉倒入蛋液中搅拌一下。锅中另放入 1 小勺油,油热后,将混合的蛋液倒入锅中快速翻炒。

5. 待蛋液和牛肉混合均匀,蛋液凝固时,调入盐,撒上葱末,炒匀出锅。最后搭配米饭装盘即可。

迅速翻炒蛋液
才能做出滑蛋
的感觉。

扬州蛋炒饭

原料

鸡蛋 3 个

米饭 1 大碗

蔬菜杂丁 100 克

火腿 20 克

小香葱 1 根

盐 1/4 小勺

油 2 小勺

➤ **成功的窍门：**

1. 米饭最好是晾过的或者隔夜的，这样的米饭炒出来才会粒粒分明。

2. 在炒的过程中，蛋液稍微凝固就出锅，在蔬菜和米饭炒好之后放进去翻炒搅拌，可以和米饭充分混合在一起，味道更好。

➤ **制作步骤：**

1. 火腿切丁，小香葱切末，将鸡蛋打入碗中，加少许盐搅拌打散。

2. 锅中烧开水，蔬菜杂丁入锅焯 1 分钟，捞出沥水。

3. 锅中倒入 1 小勺油，七成热时倒入蛋液快速翻炒，蛋液稍微凝固即可盛出。

4. 锅内另倒入 1 小勺油，倒入火腿丁、蔬菜杂丁翻炒 1 分钟。

5. 米饭倒入锅中，继续翻炒至米粒分开。

6. 倒入炒好的鸡蛋块，翻炒几下。

7. 调入盐炒匀，出锅前撒上葱花即可。

只要有新鲜的蔬菜，
都可以利用起来。

韩式蛋包饭

➤ **成功的窍门：**

做蛋皮时，锅中留少量底油即可，油太多的话，蛋液不容易滑动，不容易铺满锅底。

➤ **制作步骤：**

1. 胡萝卜洗净切丁，火腿切丁。

2. 锅中放入适量的水，放入杂丁，水开后煮 2 分钟即可捞出。

3. 锅中放油，七成热时放入焯过水的杂丁煸炒下。

4. 倒入米饭，翻炒均匀。

5. 调入盐，翻炒 2 分钟后盛出。

6. 鸡蛋打入碗中，加 1 勺水、1/4 小勺盐，搅拌均匀。锅内入油，油热后，倒入鸡蛋液，转动锅，使蛋液均匀铺在锅底呈圆饼状。

7. 鸡蛋液凝固后，用铲子铲起来翻面，煎至两面金黄，盛出放在案板上。

8. 将炒好的米饭放在蛋皮上，用铲子压一下，包成长方形状即可。

淋上番茄酱的韩式蛋包饭更诱人。

向日葵蛋包饭

原料

鸡蛋 2 个

米饭 100 克

豌豆 1 小把

火腿 20 克

胡萝卜 1/2 根

玉米粒 1 小把

盐 1/4 小勺

➤ **成功的窍门：**

1. 在蛋液中加少许的淀粉可以增加鸡蛋饼的韧性，煸炒的时候不容易断。

2. 刚开始练习的时候可以将蛋饼丝横竖铺上，成功率较高。

➤ **制作步骤：**

1. 胡萝卜、火腿切丁。

2. 锅中放入适量水，加少许盐，放入杂丁，水开后煮 2 分钟即可捞出。

3. 锅中放适量油，七成热时放入焯过水的杂丁煸炒。倒入米饭，加入适量盐，翻炒 2 分钟后盛出。

4. 鸡蛋加 1 勺水打散。锅底刷少量油，油热后，倒入鸡蛋液，转动锅，使蛋液均匀铺在锅底呈圆饼状。

5. 鸡蛋液凝固后，煎至两面金黄，盛出。将鸡蛋饼切成 8 条宽约 1 厘米的蛋饼丝，剩下的切成花瓣形状。

6. 将炒好的米饭放入碗中，用铲子压一下，然后倒扣在盘子中。将蛋饼丝铺在米饭上，像编篮子一样把蛋饼丝编起来。蛋饼丝中间的空格用焯过水的豌豆装饰。把切成花瓣状的蛋饼摆在饭团周围即可。

可爱的向日葵
蛋包饭是孩子
们的最爱。

韭菜鸡蛋合子

原料

鸡蛋 2 个

韭菜 200 克

面粉 350 克

盐 1 小勺

油 1 小勺

➤ 成功的窍门

鸡蛋晾凉后再和韭菜混合搅拌，能让韭菜不容易出水，包合子的时候会比较容易。

➤ 制作步骤：

1. 面粉加水和成面团，放入盆中，用保鲜膜包起来，饧 20 分钟。

2. 面团饧好后，搓成长条。把长条分成一个个小剂子。

3. 把小剂子团成圆形，用擀面杖擀成饼状，扣上一个大小合适的碗，压成圆面片。

4. 将摊好的鸡蛋皮切碎，韭菜洗净，沥水后切成末，和鸡蛋碎一起放入干净的盆中，加盐搅拌调味。

5. 在圆面片中间放入适量的韭菜鸡蛋馅料，包好，收口朝下压成圆饼状。

6. 平底锅内入油，油七成热时放入包好的合子。

7. 煎至一面金黄后，翻面把另一面煎至金黄即可。

在韭菜合子中加些海米、木耳，味道更好。

韭菜鸡蛋饺子

➤ 成功的窍门：

1. 韭菜饺子容易破肚，捏的时候要捏紧。

2. 煮饺子的时间不要太长，否则会煮破。

➤ 制作步骤：

1. 韭菜洗净切末，将鸡蛋打入碗中，加少许盐搅拌均匀。

2. 将鸡蛋入锅，摊成蛋皮后切碎晾凉，和韭菜末混合，加油、盐搅拌均匀。

3. 面粉加水，和成光滑的面团，用湿布盖住，饧 20 分钟。

4. 将面团揉搓成几根长条，然后分成等量的小剂子。

5. 将剂子擀成圆饼，中间放适量的韭菜鸡蛋馅料。

6. 包成自己喜欢的饺子形状，依次包完余下的面皮和馅料。

7. 锅中加水，大火烧开后放入饺子，用勺子轻划几下，以防饺子粘锅。水开后，开盖再煮 2 分钟即可。

韭菜鸡蛋饺子搭配凉菜就是全家人的欢乐餐。

鸡蛋手擀面

> **成功的窍门：**

面里放少许盐，并且饧 20 分钟，可以使面有弹性、劲道，吃起来口感好。如果和面时面比较干，可以加少量水。

> **制作步骤：**

1. 面粉倒入盆中，加少许盐，打入鸡蛋。

2. 用筷子搅拌成碎絮状，如果面比较干，可以加少量水。

3. 用力把面团揉至表面光滑，撒一些面粉在面团上。

4. 将面团用擀面杖擀成薄圆片。

5. 将薄圆片叠起来，用刀切成细条，再撒少许面粉，把重叠的面条拉开。

6. 锅内放足量水烧开后，加入盐，放入切好的面条，5 分钟后，撒上葱末和香油即可出锅。

加些豆豉、蒜末会让鸡蛋手擀面更有风味。

不容错过的鸡蛋甜点

　　吃甜食可以增加幸福感？没错，事实就是这样。尤其是对小孩子和女性而言。心情不好的时候吃甜食，甜在嘴里，美在心里。心情好的时候吃甜食，更是锦上添花。现在就来看看鸡蛋如何带来缤纷美味，让幸福的感觉直线上升。

脆皮香蕉

▶ 成功的窍门：

1. 一直要用小火，这样即使有面包糠落到油里，也不会有焦糊味。

2. 这道脆皮香蕉要趁热吃，不然会瘪下去的。

脆皮香蕉很甜，正在长牙的小孩子要少吃。

▶ 制作步骤：

1. 鸡蛋打入碗里，倒入面粉。

2. 加入黑芝麻和少量清水，搅拌成没有颗粒的面糊。

3. 香蕉剥皮，切成厚片。把香蕉片放入面糊中，裹上一层面糊。

4. 锅里放入适量油，烧至六成热，转小火，放入裹好面糊的香蕉片。

5. 炸至香蕉片呈金黄色即可。

芒果奶香布丁

原料

鸡蛋 2 个

芒果 1/2 个

牛奶 150 毫升

白糖 5 克

> **成功的窍门：**

蒸的时候覆上保鲜膜，可以使鸡蛋羹嫩滑、平滑。

> **制作步骤：**

1. 鸡蛋打散，与牛奶和白糖混合，顺着同一方向搅拌均匀。

2. 蛋液过筛 2 次，倒入蒸碗中，芒果去皮，切成小丁。

3. 冷水上锅，将蒸碗覆上保鲜膜，蒸 10 分钟。晾凉后，摆放上芒果丁即可。

喜欢的水果都可以放在布丁上面点缀。

焦糖鸡蛋布丁

原料

牛奶 200 毫升

砂糖 90 克

鸡蛋 2 个

黄油少许

温水 20 毫升

➤ 成功的窍门：

测试焦糖有没有煮好，可以拿杯水试验：将焦糖滴入到水里，焦糖不会和水混合就表示成功了。

➤ 制作步骤：

1. 锅中倒入 50 克砂糖加热，变色后用平板勺翻起搅拌，全部变色后停止翻炒。

2. 加热至焦糖膨胀，气泡变小后关火。立即加入温水，用木勺沿锅边缘注入水，再开火加热，融化后再煮，直到将焦糖滴入到水里，焦糖不会和水混合即可。

3. 模碗上涂一层黄油，放入适量焦糖。牛奶中放入 1/3 砂糖煮至微沸。

4. 鸡蛋打散，与剩余砂糖一起打出泡沫，预热烤箱 160℃上下火。

5. 将牛奶倒入打好的蛋液中，充分搅拌后过滤，缓缓注入模具中。

6. 烤盘中注水，放入烤箱中 160℃烤 30 分钟即可。

加一点香草精
不仅可以去腥，
还能提香。

椰奶鸡蛋布丁

原料

椰奶 100 毫升

牛奶 100 毫升

芒果 1 个

鸡蛋 4 个

白糖 3 大勺

吉利丁粉 7 克

➤ 成功的窍门:

吉利丁粉也称鱼胶粉,常用于制作布丁、果冻、慕斯等甜点。

➤ 制作步骤:

1. 在鸡蛋一端敲一个洞,去除蛋液,保留蛋壳备用。芒果去皮切丁。

2. 椰奶和牛奶混合。

3. 把吉利丁粉倒入椰奶液中,泡 15 分钟。

4. 把泡好的吉利丁液加热至溶化,晾凉。

5. 芒果丁放入蛋壳中。

6. 吉利丁奶液倒入鸡蛋壳至九分满,放入冰箱,冷藏 2 小时即可。

和孩子用小勺挖着吃是一种乐趣。

老式鸡蛋糕

原料

鸡蛋 2 个

低筋面粉 60 克

细砂糖 40 克

植物油 6 毫升

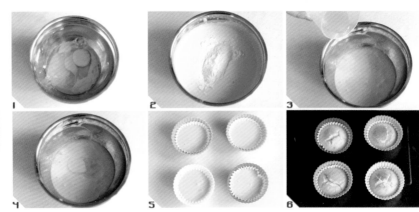

> ➤ 成功的窍门：

1. 鸡蛋打发之前一定要放入无水无油的容器中，否则不容易打起泡。

2. 烤箱一定要预热。在烘烤食物前进行预热，才能使烤箱的真实温度达到烘烤要求。

> ➤ 制作步骤：

1. 将鸡蛋打入盆中，加入细砂糖。

2. 用电动打蛋器将盛有蛋液的盆隔温水打至蛋液浓稠，倒入面粉，用硅胶铲自下而上翻拌，不要转圈。

3. 蛋糊中加入植物油。

4. 继续自下而上翻拌均匀。

5. 将搅拌好的蛋糕糊倒入小纸杯中，至八分满。

6. 烤箱预热 180℃上下火，烤 15 分钟左右即可。

老式鸡蛋糕虽
然简单，但充满
了回忆的味道。

鸡蛋冰激凌

原料

鸡蛋2个

牛奶450毫升

白糖100克

玉米淀粉10克

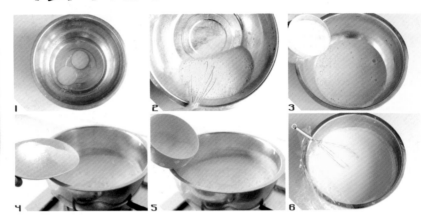

> **成功的窍门：**

1. 如果没有不锈钢盆，可以将牛奶鸡蛋液倒入无水无油的小汤锅中，小火煮开。

2. 在搅拌蛋液和玉米淀粉的过程中，一定不能离开，要不停地搅拌，如果中途走开，蛋液可能会糊掉。

3. 冰激凌要重复冷冻四五次才能使外形和口感都比较好，只冷冻一两次的话，会有很多冰凌。

> **制作步骤：**

1. 鸡蛋打入不锈钢盆中。

2. 用打蛋器打至颜色变浅，呈水状。

3. 一边倒入牛奶，一边搅拌，直至搅拌均匀。

4. 将不锈钢盆直接放到炉火上面，小火慢煮，加入白糖。

5. 玉米淀粉加入少量水，调成稀糊状。待牛奶鸡蛋液微沸，加入玉米淀粉稀糊，继续搅拌。

6. 煮开后关火，完全晾凉后放入冰箱冷冻，约半小时后取出，用打蛋器打2分钟，放回冰箱继续冷冻，重复冷冻四五次即可。

重复冷冻四五次才能保证冰激凌外形完美。

蜂蜜鸡蛋糕

原料

鸡蛋 2 个

低筋面粉 60 克

细砂糖 40 克

蜂蜜 10 毫升

植物油 6 毫升

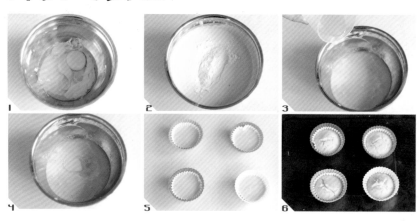

➤ **成功的窍门:**

1. 如果选择的是全蛋,打蛋糊的时间会长一些,可以选择先低速、后高速的方法。

2. 在搅拌蛋糊的过程中,一定不能转圈搅拌,否则会使蛋糊上劲,口感不够松软。

➤ **制作步骤:**

1. 将鸡蛋打入盆中,加入细砂糖和蜂蜜。

2. 用电动打蛋器将盛有蛋液的盆隔热水打至蛋液浓稠,倒入面粉,用硅胶铲自下而上翻拌。

3. 在蛋糊中加入植物油。

4. 继续自下而上翻拌均匀。

5. 将搅拌好的蛋糕糊倒入小纸杯中,约 2/3 杯。

6. 烤箱预热 180℃上下火,烤 15 分钟左右即可。

自下而上翻拌蛋糊才是正确的做法。

鸡蛋三明治

原料

鸡蛋 2 个

吐司 3 片

沙拉酱 1 大勺

黄瓜 1/2 根

火腿 100 克

圣女果 2 个

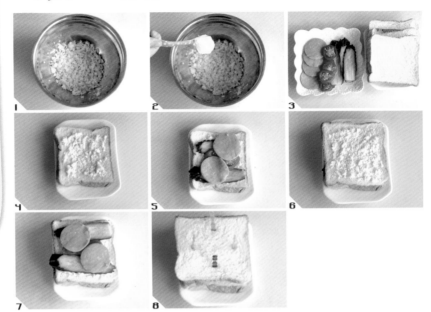

> 成功的窍门：

1. 这是一款制作起来非常简便的早餐，而且不需要太多的时间，提前将材料准备好，可以搭配任何自己喜欢的原料。

2. 要想低脂又有营养，最好选用全麦面包片，中间夹心既要有蛋白质，还需含膳食纤维的蔬菜，搭配合理才是关键。

> 制作步骤：

1. 鸡蛋煮好剥壳，将剥好的鸡蛋切成丁，放入碗中。

2. 鸡蛋丁中加入沙拉酱，搅拌均匀，让鸡蛋丁表面能包裹一层沙拉酱。

3. 黄瓜、圣女果洗净切片，火腿切片。

4. 取 1 片吐司，将拌好的鸡蛋沙拉酱用勺子均匀涂在吐司上。

5. 在鸡蛋酱上面放上黄瓜片、圣女果片、火腿片。

6. 然后把 1 片吐司盖在上面，再抹一层鸡蛋沙拉酱。

7. 放上黄瓜片、圣女果片、火腿片，再把 1 片吐司盖在上面。

8. 轻压吐司，用牙签定型，切成自己喜欢的形状即可。

一道鸡蛋三明治就能让早餐丰盛起来。

香蕉鸡蛋卷

原料

鸡蛋 2 个

香蕉 1 根

榛子仁 30 克

油 1 小勺

番茄酱适量

➤ 成功的窍门：

煎鸡蛋饼前，锅中放少量油即可，油多了的话，蛋液不容易滑动，很难摊成较薄的鸡蛋饼。

➤ 制作步骤：

1. 香蕉竖着从中间切开，将榛子仁摆在切面上。

2. 锅中入油，轻晃锅，使油铺满锅底。油七成热时，倒入打匀的蛋液，转动锅，使蛋液均匀平铺在锅底。

3. 蛋液稍微凝固后，将香蕉放在鸡蛋饼的一边。

4. 用铲子轻轻铲起鸡蛋饼，将香蕉包裹起来，继续煎 2 分钟。

5. 鸡蛋饼煎好后，切成小段装入盘中，淋上番茄酱即可食用。

香蕉鸡蛋卷比较甜，搭配酸奶很不错。

蛋香曲奇

➤ 成功的窍门：

1. 要尽量挤得大小一致，布局均匀，这样曲奇在吸收热量的时候才会均匀，每个曲奇间隔 1.5 厘米左右即可。

2. 家庭烤箱容量较小，要分盘烤制，剩余的面糊最好放入冰箱冷藏下，否则黄油容易融化。

➤ 制作步骤：

1. 让黄油在室温条件下软化，加入糖粉。

2. 用电动打蛋器搅打至体积膨松，呈现羽毛状。

3. 分 3 次加入蛋液，拌匀。

4. 将低筋面粉筛入黄油糊内。

5. 用橡皮刮刀拌匀。

6. 裱花袋内装入菊花状裱花嘴，再装入面糊，在硅胶垫上挤出曲奇状。

7. 曲奇之间要留有空隙。烤箱预热至 180℃中层，烘烤约 15 分钟即可。

蛋香曲奇可以
当做休闲茶点
或零食。

蛋香铜锣烧

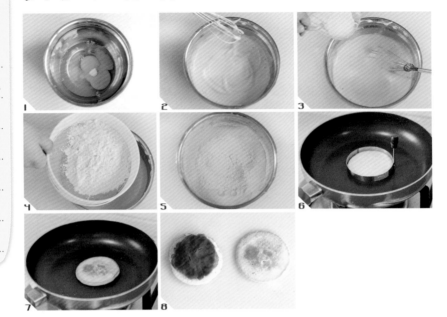

➤ **成功的窍门：**

1. 面糊倒下去时，要用小火烘烤。

2. 牛奶的用量可以根据自己的喜好掌控，用量多面糊比较稀，做出来的比较薄。

➤ **制作步骤：**

1. 鸡蛋打散，加入细砂糖。

2. 用电动打蛋器充分打发至蛋液发白蓬松。

3. 将牛奶倒入蛋液中，混合均匀。

4. 将低筋面粉、盐、泡打粉一起过筛。

5. 筛入牛奶鸡蛋液中，用刮刀混合均匀，静置十几分钟。

6. 锅内放少许油，用勺子舀适量面糊倒入平底锅中。

7. 小火加热至面糊表面起气泡并完全凝固，大约 2 分钟后，翻面用小火再煎半分钟左右。

8. 将豆沙均匀地涂到浅黄色的一面，再用另一张饼合上即可。

奶油泡芙

原料

依筋面粉 60 克

无盐黄油 45 克

牛奶 100 毫升

鸡蛋 120 克

淡奶油 60 克

白糖 10 克

盐 3 克

➤ 成功的窍门：

1. 烘烤过程中，不要打开烤箱，否则泡芙不会蓬发。

2. 面糊的细软程度要掌握好，否则也会影响到泡芙的蓬发。

3. 烘焙时要注意观察颜色，调整火候。稍微深点的颜色是脆的，稍微浅点的颜色就是软的。

4. 内馅可以随意，依个人喜好添加。

➤ 制作步骤：

1. 将牛奶、盐、软化的黄油块放入锅中，煮至完全沸腾后关火，筛入低筋面粉。

2. 开中小火，搅拌至呈面团状，关火。

3. 面团放入搅拌盆中，分 4 次倒入全蛋液，搅拌至面糊光泽、细滑即可。

4. 将面糊装入裱花袋中，挤出直径 3 厘米的泡芙面糊。

5. 烤箱预热，以 190℃ 烘烤 15~20 分钟，关火继续焖 5 分钟后取出。

6. 淡奶油加白糖隔冰水打发。将奶油装入裱花袋中，泡芙从中间横切开，挤入奶油。

烘焙时要注意观察颜色，调整火候。

蛋黄小饼干

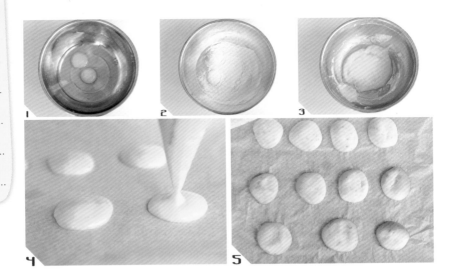

➤ 成功的窍门：

1. 在烤箱上排放的时候要注意间距，不宜过密。

2. 这款饼干里面不太容易烤干，所以要看着颜色变黄才可以。

➤ 制作步骤：

1. 将 2 份蛋黄和 1 份蛋清打入容器，加入白糖 。

2. 筛入低筋面粉、泡打粉、盐。

3. 搅拌成均匀无颗粒的面糊。

4. 用裱花袋装上面糊，在油纸上挤成直径 2 厘米的圆块。

5. 烤箱预热 200℃上下火，烤 7 分钟，烤至表面微黄、四周有一圈淡淡的焦黄即可。

孩子春游的时候可以带着蛋黄小饼干。

芝士鸡蛋卷

原料

鸡蛋 2 个

芝士 2 片

黑芝麻 2 克

小香葱 1 根

油 1 小勺

盐少许

> **成功的窍门：**

1. 芝士本身带有咸味，所以不用多放盐了。

2. 煎第 2 份蛋液的时候有点小困难，多练习就会很快熟悉里面的技巧。

> **制作步骤：**

1. 芝士切细条，小香葱切末。鸡蛋打散，放入少许盐、葱末、黑芝麻搅匀。

2. 油七成热后转小火，舀入 1 小勺鸡蛋液，转动锅让蛋液铺满锅底。

3. 蛋液凝固时放上几根芝士条。用铲子卷起蛋皮，然后推到锅的一端。

4. 再次舀入 1 勺蛋液铺满锅底，煎至蛋液凝固，还没完全熟透即可。

5. 放上几根芝士条，用筷子从上一次卷好的蛋卷开始卷到锅的另一端。

6. 保持小火，舀入蛋液，重复之前的动作。

7. 放上几根芝士条。重复之前动作将蛋皮卷起。

8. 切成合适大小的蛋卷即可食用。

芝士鸡蛋卷富
含能量，让全家
人活力无限。

第三章

常见的
鸡蛋
药用方

　　鸡蛋不仅是食物，还是药物。中医认为，鸡蛋性味甘、平，归脾、胃经，可以补肺养血，补脾和胃，滋阴润燥，扶助正气。除此之外，鸡蛋与其他药材搭配时，还有更加多样的功效。

呼吸系统疾病

感冒和咳嗽都是比较季节性的疾病。其中，感冒多发于初冬，春天、夏天冷热变化较大时也会发生。咳嗽的多发期是在寒冬季节，很多老人、孩子和体质较弱的人连门也不能出，严重影响了生活节奏。

感冒

鸡蛋苏叶汤

原料：鸡蛋 2 个，苏叶 30 克。

制作：将苏叶煎几分钟，去渣后将鸡蛋打破，搅拌均匀后倒入，小火煮 3~5 分钟。

用法：1 日 2 次。

鸡蛋冰糖方

原料：鸡蛋 1 个，冰糖 30 克。

制作：将鸡蛋倒入碗中，加入冰糖，搅拌均匀。

用法：临睡前开水冲服。

咳嗽

甜蛋汤

原料：鸡蛋 2 个，白砂糖 30 克。

制作：鸡蛋打散，加入白砂糖调匀，放入开水中煮熟。

用法：当早餐吃。

鸡蛋蜂蜜方

原料：鸡蛋 1 个，蜂蜜 20 毫升。

制作：先将 200 毫升水煮开，打入鸡蛋液，微微煮沸。晾温后，倒入蜂蜜调匀。

用法：1 日 2 次，空腹服用。

吃鸡蛋能增强免疫力，还能调理脾胃。

消化系统疾病

消化系统包括口腔、咽、食管、胃、小肠和大肠等部分。只有各个器官协调合作，才能吸收食物的营养物质，将残渣排出体外。一旦消化系统出了问题，新陈代谢就会受到阻碍。因此，要提高对消化系统疾病的重视。

胃脘痛

豆腐鸡蛋壳

原料：蛋壳 6 克，嫩豆腐适量。

制作：蛋壳研末，用煮熟的嫩豆腐包裹起来。

用法：1 日 1 次。

白面生姜鸡蛋清

原料：蛋清 2 份，面粉 30 克，生姜 120 克。

制作：生姜捣烂后，与面粉、蛋清调匀。

用法：敷在疼痛的部位。

呕吐

芹菜根鸡蛋茶

原料：鸡蛋 1 个，芹菜根 10 克，甘草 15 克。

制作：鸡蛋打入碗中。用水煎煮芹菜根和甘草，水开后倒入鸡蛋中，搅拌均匀。

用法：当茶水饮用，一日 2 次。

蓬蒿菜蛋清汤

原料：蛋清 2 份，蓬蒿菜 210 克，麻油、盐各适量。

制作：蓬蒿菜加水煮汤，水快开的时候加入蛋清，煮片刻后加入麻油、盐调味。

用法：当配菜食用。

吃醋蛋饼的时候可以喝一些米粥。

腹泻

醋蛋饼

原料:鸡蛋 3 个,米醋 50 毫升,面粉 150 克。

制作:鸡蛋打入碗中,加入米醋、面粉,搅拌均匀后做成饼状,在不放油的情况下烤熟。

用法:空腹食用,1 日 2 次。

五倍子蛋

原料:鸡蛋 1 个,五倍子 6 克。

制作:鸡蛋打入碗中,打散。五倍子研末,分 2 次倒入蛋液中,搅匀后炒熟。

用法:1 日 3 次。

醋蛋止泻方

原料:鸡蛋 2 个,米醋 200 毫升。

制作:鸡蛋去壳,倒入搪瓷锅中,倒入米醋,鸡蛋熟时即可关火。

用法:吃蛋喝醋。

大蒜蛋

原料:鸡蛋 1 个,大蒜 5 克。

制作:鸡蛋打散,倒入锅内,加入大蒜煎熟。

用法:空腹食用,1 日 2 次。

腹痛

花椒鸡蛋

原料：鸡蛋 2 个，花椒 15 克，花生油适量。

制作：花椒研末备用。将花生油烧沸，打入鸡蛋，倒入花椒末，炒熟即可。

用法：1 日 3 次。

艾叶生姜煮鸡蛋

原料：鸡蛋 2 个，艾叶 10 克，生姜 15 克。

制作：鸡蛋不去壳，直接放入水中，加艾叶、生姜煮熟，去壳后放入水中再煮。

用法：吃蛋喝汤。

便秘

米汤蜜蛋花

原料：鸡蛋 1 个，热米汤 500 毫升，蜂蜜 10 毫升。

制作：鸡蛋打入带盖的杯子中，加入蜂蜜，用筷子朝一个方向搅打均匀，加入热米汤，盖好盖子，静置 15 分钟即可。

用法：早饭时食用。

百合冬瓜鸡蛋汤

原料：蛋清 1 份，百合 20 克，冬瓜 100 克，油、盐各适量。

制作：锅内烧水，倒入蛋清、百合、冬瓜，加油、盐调味。

用法：当配菜食用。

煮前用温热的水洗一下蛋壳更好。

循环系统疾病

循环系统指人体内运送血液的器官和组织，主要包括心脏、血管（动脉、静脉、微血管）。循环系统疾病多与动脉硬化有关，分为急性和慢性，这些疾病都有着相似的病因、病发过程及治疗方法。

冠心病

天麻蛋

原料：鸡蛋 1 个，天麻 10 克。

制作：鸡蛋打入碗中备用。将天麻浓煎取汁，倒入蛋液中。

用法：1 日 1 次。

人参蛋清粥

原料：蛋清 1 份，人参 5 克，薤白 12 克，粟米 50 克。

制作：小火将人参煎煮，浓煎取汁，去渣后加入粟米煮粥。粥将熟时，加入蛋清、薤白，煮熟即可。

用法：分成 2 份，早晚服用。

高血压

荷叶鸡蛋方

原料：鸡蛋 1 个，荷叶 1 片，红糖 20 克。

制作：锅内热水，加入鸡蛋、荷叶、红糖煮熟。

用法：1 日 1 次。

淡菜皮蛋粥

原料：皮蛋 1 个，淡菜 30 克，大米 100 克，盐适量。

制作：大米洗净，煮粥，半熟时加入淡菜，将熟时加入皮蛋。继续煮 15 分钟，加盐调味。

用法：当早餐食用。

代谢性疾病

顾名思义,代谢性疾病即因代谢问题引起的疾病,包括代谢障碍和代谢旺盛。生物的新陈代谢在生长、发育和衰老阶段是不同的。幼婴儿、青少年正在长身体的过程中,因此新陈代谢旺盛。老年人的身体机能日趋退化,新陈代谢逐渐缓慢。

糖尿病

鸡蛋蜂蜜醋

原料:鸡蛋5个,米醋400毫升,蜂蜜250毫升。

制作:鸡蛋打入碗中,加150毫升米醋,调匀后泡36小时。加入剩余的米醋和蜂蜜,搅拌均匀。

用法:1日2次,每次15毫升。

菠菜鸡蛋猪胰方

原料:鸡蛋2个,菠菜250克,猪胰1个。

制作:将猪胰煮熟,然后加入鸡蛋、菠菜煮沸。

用法:1日1次。

身体羸弱

豆豉鸡蛋饼

原料:蛋清5份,淡豆豉60克,面粉、葱、姜、盐各适量。

制作:蛋清、面粉揉制成团,擀成饼。淡豆豉加水煮沸熬汁,加入鸡蛋饼煮熟,将熟时加入葱、姜、盐调味,继续煮2分钟即可。

用法:空腹食用,1日1次。

人参蒸蛋

原料:鸡蛋1个,人参3克。

制作:鸡蛋打入碗中备用。人参研末,加入蛋液,搅拌均匀后蒸熟即可。

用法:当早餐食用。

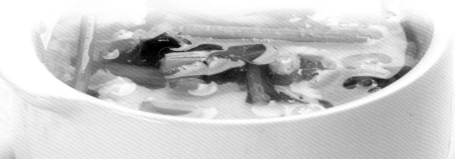

神经系统疾病

人体各器官、系统的功能都是直接或间接处于神经系统的调节控制之下，它们互相联系、互相制约。这种关系一旦失调，就会引发诸多问题。而神经系统疾病以慢性病为主，给人们的工作、生活带来很大的影响。

失眠

鸡蛋小米汤

原料：鸡蛋 1 个，小米 50 克。

制作：小米煮粥，将熬煮出来的粥汤沥出，打入鸡蛋液，煮熟即可。

用法：临睡前食用。

枸杞桂圆蛋汤

原料：鸡蛋 2 个，冰糖 30 克，枸杞子、桂圆各 10 克。

制作：鸡蛋煮熟去壳，然后与冰糖、枸杞子、桂圆一起放入大碗中，加适量水，隔水炖半小时即可。

用法：早起后空腹食用。

中风

蛋壳粉

原料：蛋壳 30 克。

制作：蛋壳研末即可。

用法：温开水送服。

香油鸡蛋

原料：鸡蛋 1 个，香油 60 毫升。

制作：鸡蛋打入碗中，打散，加入香油调匀。

用法：患者中风不语时灌服，为紧急治疗措施。

皮肤科疾病

皮肤是人体最大的器官，总重量占体重的 5%~15%。在医学上，皮肤科疾病是有关皮肤的疾病，是严重影响人们健康的常见病之一。皮肤科疾病多数不影响健康，但少数可能危及生命。

赘疣

消除赘疣方

原料：鸡蛋 6 个，米醋 45~60 毫升。

制作：鸡蛋煮熟去壳，用竹签扎 5~10 个小孔，放入带盖的杯子中，加米醋密封存放，24 小时后取出。

用法：1 日 1 次，早起后空腹食用鸡蛋 2 个，喝米醋 2 勺。

皮癣

陈石灰蛋清方

原料：蛋清、陈石灰各适量。

制作：陈石灰研末，加入蛋清调匀。

用法：敷在患处。

湿疹

黄连蛋清方

原料：黄连 12 克，蛋清适量。

制作：黄连研末，加入蛋清调匀。

用法：敷在患处。

黄褐斑

鸡蛋烧酒方

原料：鸡蛋、烧酒各适量。

制作：将鸡蛋放入容器内，倒入烧酒，盖住鸡蛋即可。密封存放 28 天，只留蛋清。

用法：每晚临睡前涂抹患处。

妇科疾病

妇科疾病是女性常见病、多发病。但由于人们对妇科疾病缺乏应有的认识，缺乏对身体的保健，使生理健康每况愈下。所以，要定期进行妇科检查，未婚女性可以两三年检查一次；已婚女性每年都做，最多不宜超过 2 年。

月经不调

当归荷包蛋

原料：鸡蛋 2 个，当归 9 克，红糖 30 克。

制作：当归煎水去渣，打入鸡蛋，加入红糖，煮成荷包蛋。

用法：早起后空腹食用。

木耳蛋枣汤

原料：鸡蛋 1 个，木耳 20 克，红枣 20 颗，红糖适量。

制作：鸡蛋、木耳、红枣加水同煮，蛋熟后去壳再煮，加入红糖。

用法：分成 2 次食用。

痛经

姜艾鸡蛋方

原料：鸡蛋 2 个，姜 15 克，艾叶 10 克。

制作：鸡蛋不去壳，和姜、艾叶加水同煮，将熟时去壳，继续煮片刻。

用法：1 日 1 次。

鸡蛋黑豆汤

原料：鸡蛋 2 个，黑豆 60 克，米酒 120 毫升。

制作：鸡蛋不去壳，加黑豆、水同煮，蛋熟后去壳。煮至黑豆熟透，加入米酒。

用法：1 日 1 次。

白带过多

鸡蛋荞麦丸

原料：蛋清 10 份，荞麦粉 500 克，甘草 60 克。

制作：甘草研末，备用。荞麦粉炒至金黄色，倒入蛋清、甘草末，加温水调匀，揉至成丸，晒干。

用法：1 日 2 次，每次 30 克。

鸡蛋棉子方

原料：鸡蛋 2 个，棉花子 10 克，白糖适量。

制作：鸡蛋不去壳，加棉花子、水同煮，蛋熟后去壳再煮片刻，加入白糖即可。

用法：1 日 1 次。

产后体虚

丝瓜鸡蛋瘦肉粥

原料：鸡蛋 2 个，丝瓜 120 克，瘦肉、大米各 100 克，白糖适量。

制作：丝瓜去皮切丝，瘦肉切丝，鸡蛋打散备用。大米洗净，加水煮粥，五分熟时加入瘦肉丝。熬至熟透时加入丝瓜丝、蛋液，煮 3~5 分钟后加白糖，调匀即可。

用法：空腹食用，1 日 1 次。

黄芪归血藤蛋

原料：鸡蛋 2 个，炙黄芪、当归、鸡血藤各 20 克，红糖适量。

制作：鸡蛋不去壳，和炙黄芪、当归、鸡血藤一同放入锅中，加水同煮。蛋熟后，去壳去渣，加红糖继续煮 10 分钟即可。

用法：1 日 1 次。

附录：鸡蛋的美容护肤秘笈

祛斑

蛋黄蜂蜜面膜

原料：蛋黄1份，蜂蜜、油各1勺。

制作：蛋黄、蜂蜜、油调匀备用。

用法：在面部涂护肤霜之后，均匀涂抹3层面膜，20分钟后用清水洗净。

鸡血藤鸡蛋方

原料：鸡蛋2个，鸡血藤30克，白糖适量。

制作：鸡蛋不去壳，加鸡血藤和2碗水同煮，蛋熟后去壳，煮成1碗后加白糖即可。

用法：喝汤吃蛋。

除皱

除皱鸡蛋粉

原料：鸡蛋适量，蜂蜜、面粉各1勺。

制作：将蛋清和蛋黄分离，分别打入碗中，依次加入蜂蜜、面粉调匀，成为蛋清粉和蛋黄粉。

用法：敷在脸上，10~15分钟后用温水洗净。两种面膜粉按日期交替使用，效果更佳。

鸡蛋芦荟方

原料：蛋清1份，芦荟汁1勺。

制作：蛋清、芦荟汁调匀即可。

用法：洁面后涂抹，按摩片刻即可。

美白

鸡蛋酒

原料：鸡蛋3个，白酒适量。

制作：鸡蛋打入带盖的杯子中，加酒后密封，4~7天后取出即可。

用法：临睡前涂抹，次日清晨洗去。

白雪膜

原料：鸡蛋3个，白酒50毫升。

制作：鸡蛋打入白酒内，调匀后密封四五天即可。

用法：临睡前涂抹，稍作按摩，干后用清水洗净。

护肤

杏仁膏

原料：蛋清1份，杏仁90克。

制作：杏仁去皮捣烂，加入蛋清调匀即可。

用法：临睡前涂抹，次日清晨用淘米水洗净。

蛋黄牛奶面膜

原料：蛋黄1份，牛奶50毫升。

制作：鸡蛋倒入牛奶中，调匀即可。

用法：临睡前涂抹，15分钟后用清水洗净。

图书在版编目（CIP）数据

鸡蛋 / 汉竹编著 . -- 南京：江苏科学技术出版社，2014.1
（汉竹·健康爱家系列）
ISBN 978－7－5537－2010－4

Ⅰ . ①鸡… Ⅱ . ①汉… Ⅲ . ①禽蛋－食品营养－基本知识
Ⅳ . ① R151.3

中国版本图书馆 CIP 数据核字 (2013) 第 213890 号

凤凰汉竹
阳光一样的生活书

凤凰汉竹
2011年度
中国民营书业实力品牌

2010年度
中国生活图书出版商

鸡蛋

编　　著	汉　竹	
责 任 编 辑	杜　辛　刘玉锋　姚　远	
特 邀 编 辑	侯魏魏　刘　美　孙　静	
责 任 校 对	郝慧华	
责 任 监 制	曹叶平　方　晨	

出版发行　凤凰出版传媒股份有限公司
　　　　　江苏科学技术出版社
出版社地址　南京市湖南路 1 号 A 楼，邮编：210009
出版社网址　http://www.pspress.cn
经　　销　凤凰出版传媒股份有限公司
印　　刷　北京瑞禾彩色印刷有限公司

开　　本　720mm×1000mm　1/16
印　　张　12
字　　数　100千字
版　　次　2014年1月第1版
印　　次　2014年1月第1次印刷

标 准 书 号　ISBN 978－7－5537－2010－4
定　　价　39.80元（附赠一周鸡蛋减肥食谱挂图）

图书如有印装质量问题，可向我社出版科调换。